JÜRGEN PAHLKE · WELFARE ECONOMICS

Volkswirtschaftliche Schriften

Herausgegeben von Dr. J. Broermann, Berlin

Heft 50

Welfare Economics

Grundlage allgemeingültiger
wirtschaftspolitischer Entscheidungen?

Von

Dr. Jürgen Pahlke

DUNCKER & HUMBLOT / BERLIN

Alle Rechte vorbehalten
© 1960 Duncker & Humblot, Berlin
Gedruckt 1960 bei Berliner Buchdruckerei Union GmbH., Berlin SW 61
Printed in Germany

Dem Andenken meiner Mutter

Vorwort

Diese Untersuchung über die Welfare Economics wurde zu Beginn des Jahres 1958 der Rechts- und Wirtschaftswissenschaftlichen Fakultät der Universität Tübingen als Dissertation vorgelegt. Die hier wiedergegebene Fassung unterscheidet sich nur unbedeutend von der damaligen. Verschiedene Abschnitte wurden gekürzt und umgestellt, einige Unklarheiten und Unebenheiten beseitigt. Sachlich blieb die Schrift unverändert. Die jüngste Literatur, die besonders zu speziellen Fragen der Welfare Economics im angloamerikanischen Sprachgebiet recht zahlreich erschienen ist, wurde nicht mehr berücksichtigt. Das dort Gesagte ändert jedoch nichts an den wesentlichen Ergebnissen und Auffassungen, die hier zum Ausdruck gebracht werden.

Meinem hochverehrten Lehrer, Herrn Prof. Dr. Woldemar Koch, der mich zu dieser Untersuchung anregte, danke ich herzlich für seinen persönlichen und wissenschaftlichen Rat und Beistand.

Tübingen, Februar 1960

Jürgen Pahlke

Inhalt

I. Einleitung	11
II. Die ethischen Grundlagen der Welfare Economics	13
1. Grundsätzliches	13
2. Das individualistische Prinzip	16
3. Utilitarismus und ökonomische Welfare	18
4. Das Gleichheitsprinzip	21
5. Das Problem des interindividuellen Welfare-Vergleichs	26
a) in den älteren Welfare Economics	26
b) in den neueren Welfare Economics	26
6. Zusammenfassung	28
III. Die theoretisch-ökonomischen Grundlagen der Welfare Economics	30
A. Die Messung der individuellen Welfare	30
1. Grundsätzliches	30
a) Drei Nutzenkonzepte	30
b) Die Gossenschen Gesetze	31
c) Grenzrate der Substitution, Indifferenzkurven	32
2. Die Messung des Grenznutzens	35
3. Die individuelle Konsumentenrente	37
4. Das Einkommen als Ausdruck der individuellen Welfare?	47
B. Die Messung der gesellschaftlichen Welfare	49
1. Die Konzeption der älteren Welfare Economics	49
a) Distributive Optimumbedingungen	49
b) Die Konsumentenrente	50
2. Das paretianische Optimum (optimum conditions of exchange and production)	52
a) Die Grenzbedingungen im 2-Personen-2-Faktoren-2-Güter-Modell	52
b) Die generellen Grenzbedingungen	59
c) Nebenbedingungen	60
d) Exkurs	61
e) Haupteinwände	63
3. Das Kaldor-Hicks-Kriterium	64
a) Allgemeine Konzeption	64
b) Kaldor-Hicks-Kriterium und Sozialprodukt	65
4. Gesellschaftliche Indifferenzkurven	70
5. Zusammenfassung	76
IV. Ausblick	79
Literaturverzeichnis	80
Namensverzeichnis	84

Abkürzungen

A.E.R.	= The American Economic Review
Ec.J.	= Economic Journal
F.A.	= Finanzarchiv
J.P.E.	= Journal of Political Economy
Pol.Sc.Qu.	= Political Science Quarterly
Q.J.E.	= Quarterly Journal of Economics
R.E.S.	= Review of Economic Studies
W.W.A.	= Weltwirtschaftliches Archiv
Z. f. d. ges. Stw.	= Zeitschrift für die gesamte Staatswissenschaft
Z. f. N.	= Zeitschrift für Nationalökonomie
H. d. St.	= Handwörterbuch der Staatswissenschaften
Z.	= Zeichnung

> Perhaps the best that can be said for welfare economics as a discipline is that it is virtually impossible to study it without learning a good deal of economics in the process!
>
> (*Boulding*, Welfare Economics, S. 32)

I. Einleitung

Die Welfare Economics sind „zielausgerichtete Nationalökonomie"[1]. In ihnen verbinden sich theoretische Nationalökonomie, Wirtschaftspolitik und Ethik[2].

Die wesentlichen Fragen der Welfare Economics lassen sich grob in drei große Problemkreise zusammenfassen:

(1) die außerökonomischen, ethisch-normativen Grundlagen (Zielsetzungen und Werturteile),

(2) die theoretisch-ökonomischen Bedingungen, die den außerwirtschaftlich gegebenen Zielen und Wertungen entsprechen, und die Welfare-Wirkungen ökonomischer Änderungen,

(3) die Methoden, mit denen diese Bedingungen realisiert werden können, und die Welfare-Wirkungen wirtschaftspolitischer Maßnahmen (Fragen der theoretischen Politik).

Diesen drei Problemkreisen vorgelagert ist der der Motivation der ethischen Werturteile, ihnen nachgelagert sind die Fragen der praktischen Politik, also der Anwendung der gewonnenen Erkenntnisse.

In der vorliegenden Schrift werden vor allem die beiden ersten Fragenkomplexe behandelt. Dabei wird keine dogmengeschichtliche Vollständig-

---

[1] *Weber*, W.: Über die wirtschaftsbegrifflichen Grundlagen der älteren „Welfare Economics", Z. f. N. 1952, S. 582.
[2] Die Welfare Economics werden sehr unterschiedlich charakterisiert. *Hicks* bezeichnet sie als „economics of economic policy" und „integral part of economic theory" (*Hicks*, J. R.: The Foundations of Welfare Economics, Ec. J. 1939, S. 696 bzw. 712), *Bye* als „applied economics" im Gegensatz zur „pure theory" (*Bye*, R. T.: Social Economy and the Price System, 1950, S. 3), *Peter* als „Ethik und doch Wissenschaft" (*Peter*, H.: Welfare Economics, Ethik und doch Wissenschaft, F. A. 1950/1, S. 6); *Little* nennt sie „a branch of ethics" (*Little*, I. M. D.: A Critique of Welfare Economics, 1950, S. 8), und *Scitovsky* schreibt: „Welfare Economics is that part of the general body of economic theory, which is concerned primarily with policy" (*Scitovsky*, T.: The State of Welfare Economics, A. E. R. 1951, S. 303). Vgl. *Lauschmann*, E.: Zur neueren Diskussion der Welfare Economics in der angelsächsischen Literatur, W.W. A. 1955, S. 114 ff.

keit angestrebt³. Vielmehr sollen lediglich die wesentlichen ethischen Grundvorstellungen und die wesentlichen ökonomisch-theoretischen Methoden, die in den Welfare Economics eine Rolle spielen, dargestellt werden. Im Mittelpunkt steht die Frage, ob und inwieweit die ethischen und theoretisch-ökonomischen Grundlagen der Welfare Economics ein umfassendes und generell anerkanntes Wertungssystem bieten, das wiederum als Basis für wirtschaftspolitische Entscheidungen dienen könnte.

---

[3] Eine ausführliche Dogmengeschichte der Welfare Economics in deutscher Sprache findet sich bei *Keller,* P.: Dogmengeschichte des wohlstandspolitischen Interventionismus, 1955, sowie in den beiden Aufsätzen von *Weber,* W.: Über die wirtschaftsbegrifflichen Grundlagen der älteren „Welfare Economics", Z. f. N. 1952, und: Zur Problematik der neueren „Welfare Economics", Z. f. N. 1954, S. 487 ff.; ferner sei auf den Aufsatz von *Lauschmann* im W. W. A. 1955 verwiesen.

II. Die ethischen Grundlagen der Welfare Economics

1. Grundsätzliches

Die Welfare Economics basieren auf der außerwirtschaftlich, ethisch begründeten Zielsetzung[1], die Welfare zu maximieren bzw. zu erhöhen. Unter Welfare wird dabei üblicherweise die gesellschaftliche Welfare (social welfare)[2] verstanden, also die Welfare, bezogen auf ein Gemeinwesen[3].

Einen gewissen ethischen, emotionalen Gehalt hat schon der Begriff Welfare. Er ist mit der Vorstellung von etwas Gutem, Erstrebenswertem („Wohl"-fahrt) verknüpft. Die Aussage etwa: „Diese Maßnahme erhöht die Welfare", ist nicht nur eine Feststellung über einen bestimmten Kausalzusammenhang, sie enthält auch ein Werturteil. Sie bringt zum Ausdruck, daß die Maßnahme gut und wünschenswert sei[4]. Insofern ist es in gewissem Sinne tautologisch, die Maximierung der Welfare als Ziel zu setzen[5].

---

[1] Sie ist nicht ökonomisch zu begründen. Ökonomische Ziele im Sinne ökonomisch begründeter Ziele gibt es nicht. Die Bezeichnung „ökonomisches Ziel" hat nur insofern einen verständigen Sinn, als sie besagt, daß das Ziel sich auf den Bereich des Ökonomischen erstreckt. Der Nationalökonom als solcher — d. h. als Wissenschaftler — kann keine bindenden Normen ableiten, keine Werturteile fällen. „... welfare economics must introduce ethical welfare functions from outside of economics. Which set of ends is relevant is decidedly not a scientific question of economics." (*Samuelson*, P. A.: Comment zu *Boulding*, Welfare Economics, in: A Survey of Contemporary Economics, Bd. II, 1952, S. 37). Vgl. hierzu vor allem *Weber*, M.: Die „Objektivität" sozialwissenschaftlicher und sozialpolitischer Erkenntnis, Archiv für Sozialwissenschaft und Sozialpolitik 1904, S. 23 ff.; *Robbins*, L.: An Essay on the Nature and Significance of Economic Science, 1932; *Myrdal*, G.: Das politische Element in der nationalökonomischen Doktrinbildung, 1932, S. 1 ff.; sowie *Weisser*, G.: Die Überwindung des Ökonomismus in der Wirtschaftswissenschaft, in: Grundsatzfragen der Wirtschaftsordnung, 1954, bes. S. 29.

[2] Die Terminologie ist jedoch in der Literatur weder einheitlich noch eindeutig. Vgl. *Lauschmann*, W. W. A. 1955, S. 117/18.

[3] Der Begriff Welfare wird auch in der vorliegenden Arbeit in diesem Sinne verwendet, sofern nicht ausdrücklich von individueller Welfare gesprochen wird.

[4] Vgl. *Little*, Crit., S. 69 ff.; ders.: Recent Developments in Welfare Economics, Zeitschrift für Ökonometrie 1950, S. 50; *Giersch*, H.: Das Problem der Objektivität des wirtschaftspolitischen Urteils und der Lösungsversuch der neueren Lehre vom wirtschaftlichen Wohlstand, Z. f. d. ges. St. 1951, S. 250.

[5] Vgl. *Little*, Crit., S. 84/5.

Der Begriff Welfare ist jedoch nicht eindeutig; er hat keinen fest umrissenen Inhalt. Seine inhaltliche Bestimmung beruht auf ethischen Werturteilen und somit auf mehr oder minder subjektiven Entscheidungen, die keinen Anspruch auf Allgemeingültigkeit erheben können. „Der Begriff setzt die Lösung eines sozialphilosophischen Problems voraus, welches eine inhaltliche Bestimmung der Wohlfahrt bedingt. Diese sozialphilosophische Frage wird je nach der Weltanschauung verschieden beantwortet ..., ist jedoch wissenschaftlich nicht gelöst"[6] und kann wissenschaftlich nicht gelöst werden. A priori und ein für allemal gegebene, immer und für jeden gültige (objektive) Zielsetzungen und Wertungskriterien gibt es nicht[7]. Völlig objektive Welfare Economics sind daher unmöglich.

Voraussetzung für eine voll aussagekräftige Welfare-Theorie (als Grundlage einer Welfare-Politik) sind Welfare-Kriterien, die eine widerspruchsfreie Wertung aller gesellschaftlichen Situationen (d. h. aller Konstellationen der welfare-wirksamen Faktoren) ermöglichen, mit deren Hilfe also eine eindeutige und vollständige Wertskala und damit eine „allgemeine Welfare-Funktion" bestimmt werden kann[8]. Es muß für jeden möglichen Zustand gesagt werden können, ob er einem anderen gegenüber besser, schlechter oder gleich gut ist (d. h. von höherer, niederer oder gleicher Welfare). Die Beziehungen müssen transitiv sein; wird der Zustand K dem Zustand L vorgezogen und L dem Zustand M, so muß auch K gegenüber M präferiert werden[9]. Sind diese Bedingungen nur teilweise erfüllt, so kann die Theorie nur einen entsprechend begrenzten Aussagewert haben.

Für die Wertung der verschiedenen gesellschaftlichen Situationen ist es bedeutsam, inwieweit und in welcher Weise die zukünftige Entwicklung der welfare-wirksamen Faktoren, soweit sie mit mehr oder minder großer Wahrscheinlichkeit vorhersehbar ist, berücksichtigt wird. Das Ergebnis kann — abgesehen von der Annahme unterschiedlicher Wahrscheinlichkeitswerte — einmal durch die Länge des berücksichtigten Zeitraums beeinflußt werden (kurz- oder langfristige Betrachtung), zum anderen dadurch, wie zukünftige welfare-wirksame Faktoren im Vergleich zu gegenwärtigen bewertet werden (höher, gleich oder niedriger).

---

[6] *v. Rosenstein-Rodan,* P.: Grenznutzen, in: H. d. St., 4. Aufl., Bd. 4, S. 1205.
[7] Dieser Satz ist hier nicht als weltanschauliches Bekenntnis, sondern als Tatsachenfeststellung zu verstehen.
[8] Vgl. *Samuelson,* P. A.: Foundations of Economic Analysis, 1948, S. 221. Die Entwicklung der allgemeinen Welfare-Funktion als formaler Basis der Welfare-Theorie geht zurück auf *Bergson,* A.: A Reformulation of Certain Aspects of Welfare Economics, Q. J. E. 1938, S. 310 ff.; ders.: Socialist Economics, in: A Survey of Contemporary Economics, Bd. I, 1949, S. 412 ff.
[9] Dabei wird vorausgesetzt, daß jeweils der Zustand mit der höheren Welfare präferiert wird.

Die gesellschaftliche Wertskala kann grundsätzlich von einer Person (bzw. einer Stelle — etwa in einem totalitären System) oder von mehreren (vielen) Individuen — z. B. in einer demokratischen Gesellschaftsordnung — bestimmt werden. Im ersten Fall ist ein vollständiges und widerspruchsfreies Wertsystem — jedenfalls theoretisch — ohne weiteres vorstellbar. Dagegen dürften die Wertungen verschiedener Individuen vielfach auseinandergehen[10]. Wird die Wertskala durch Mehrheitsbeschluß festgelegt, so ist es möglich, daß die Transitivitätsbedingung nicht erfüllt wird, auch wenn die Wertungen der einzelnen Individuen transitiv sind.

Wenn etwa — im einfachsten Fall — drei Personen A, B, C zwischen drei Zuständen K, L, M zu wählen haben, so kann sich folgendes ergeben: A und B ziehen den Zustand K dem Zustand L vor, A und C präferieren L gegenüber M, und B und C ziehen M gegenüber K vor. Dann ist also jeweils nach dem Urteil der Mehrheit K besser als L und L besser als M, aber auch M besser als K[11].

	A	B	C
K	1	2	3
L	2	3	1
M	3	1	2

Tabelle 1

In Tabelle 1 kennzeichnen die Zahlen die Rangordnung der verschiedenen Zustände in den Präferenzskalen der drei Individuen.

Die Wahrscheinlichkeit dafür, daß bei demokratischen Wertungen die Transitivitätsbedingung verletzt wird, ist um so größer, je höher die Zahl der Wahlmöglichkeiten ist.

Die gesellschaftliche Welfare kann gedacht werden als abhängig von der Welfare der Individuen und/oder von anderen Faktoren. Wird der individuellen Welfare ein Einfluß auf die gesellschaftliche Welfare eingeräumt, so kann ihre Beurteilung ganz oder teilweise jeweils dem einzelnen Individuum überlassen bleiben oder (stets oder in bestimmten Fällen) von anderer Seite — etwa von dem, der die gesellschaftliche Wertskala aufstellt, vom Staat o. ä. — vorgenommen werden. Was für ein Individuum gut oder nützlich ist, ist m. a. W. von ihm selbst oder aber von anderen zu bestimmen.

In jedem Falle sind spezielle Werturteile darüber erforderlich, wie die Welfare der einzelnen Individuen und ihre Änderungen in die gesell-

---

[10] Das ist vor allem dann häufig der Fall, wenn die Wertungen der Individuen von ihren ökonomischen Interessen bestimmt werden.
[11] Nach *Arrow*, K. J.: Social Choice and Individual Values, 1951, S. 2/3.

schaftliche Wertskala eingehen[12]. Dabei kann nach Subjekten, Objekten und Grad der individuellen Welfare differenziert werden. Eine Erhöhung der Welfare eines Individuums kann stets als Erhöhung, u. U. aber auch als Minderung der gesellschaftlichen Welfare (und im Grenzfall als gesellschaftlich indifferent) gewertet werden. Die positive bzw. die negative gesellschaftliche Wertung eines individuellen Welfare-Zuwachses kann beschränkt sein auf bestimmte Individuen (Subjekte) oder bestimmte Mittel (Objekte) der Welfare-Steigerung der Individuen oder auf bestimmte (etwa besonders hohe) individuelle Welfare-Grade.

Praktische Bedeutung kann eine Welfare-Theorie nur insofern haben, als die ihr zugrunde liegenden Welfare-Kriterien auch in der Realität eine Rolle spielen und die Handlungen der herrschenden politischen Schicht bestimmen. In einer demokratischen Gesellschaftsordnung hängt der praktische Wert einer Welfare-Theorie somit davon ab, daß die Wertungsprinzipien, von denen sie ausgeht, möglichst allgemein anerkannt sind.

2. Das individualistische Prinzip

Die eigentlichen Welfare Economics[13] basieren weitgehend auf individualistischen Prinzipien, auf „der individualistischen Philosophie der modernen westlichen Zivilisation"[14]. Die gesellschaftliche Welfare wird als Funktion der Welfare der Individuen angesehen. Maßgebend für die individuelle Welfare soll die Wertskala des jeweiligen Individuums sein[15]. Die Erhöhung (Minderung) der Welfare eines Individuums gilt auch als Steigerung (Senkung) der gesellschaftlichen Welfare.

Die Bedeutung des Individualismus in den Welfare Economics entspricht weitgehend seiner tatsächlichen Anerkennung in den freiheitlichen westlichen Gesellschaftsordnungen. Auch hier ist die praktische Politik diesen individualistischen Prinzipien freilich nicht unbeschränkt unterworfen. Sie wird stets mehr oder minder von überindividuellen Motiven beeinflußt, deren Inhalt im einzelnen meist schwer faßbar ist. Daneben bestimmen Staat und Gesellschaft auch bis zu einem gewissen Grade, was für die Individuen (alle oder einzelne) selbst gut ist, überlassen dies also nicht dem Urteile jedes einzelnen, wie Rechtsprechung, Moral und Erziehung zeigen[16].

---

[12] Vgl. hierzu *Tinbergen, J.*: Economic Policy: Principles and Design, 1956, S. 11 ff.

[13] Welfare-Probleme haben in der Nationalökonomie immer eine große Rolle gespielt. Die eigentlichen Welfare Economics sind jedoch erst mit der ökonomischen Subjektivwertlehre entstanden und mit ihrer Entwicklung eng verknüpft.

[14] *Samuelson*, Found., S. 223; vgl. auch *Bergson*, Soc. Ec., S. 414.

[15] Vgl. Anm. 9.

[16] Vgl. *Samuelson*, Found., S. 223; *Lerner, A. P.*: The Economics of Control, 1946, S. 21.

In der gesellschaftswissenschaftlichen Literatur wird dementsprechend verschiedentlich die gesellschaftliche Welfare als selbständiges Gebilde behandelt, das nicht oder nicht allein von der Welfare der Individuen abhängt[17]. Es wird auch darauf hingewiesen, daß die Individuen u. U. ihre „wahre" individuelle Welfare nicht richtig erkennen. Die „wirklichen" Interessen eines Individuums — wie sie sich in einem bestimmten Zeitpunkt geltend machen — könnten von seinen „wohlverstandenen" und „wahren" Interessen abweichen; d. h. sie könnten den voraussichtlichen zukünftigen Interessen und der „richtigen" Stärke der Interessen nicht entsprechen[18].

In den eigentlichen Welfare Economics werden diese Gesichtspunkte jedoch gewöhnlich nicht berücksichtigt. Die genannten individualistischen Prinzipien werden im wesentlichen uneingeschränkt angenommen[19].

Durch die Anerkennung der individuellen Präferenzen wird die Aussagekraft der Welfare-Theorie erheblich begrenzt. Es ist durchaus zweifelhaft, ob die individuellen Wertskalen stets die Transitivitätsbedingung erfüllen[20]. Jedenfalls bleiben sie im Zeitablauf nicht konstant. Zeitliche Änderungen sind zum Teil individuell bedingt (z. B. durch das zunehmende Alter, durch subjektive Geschmacksänderungen), zum Teil durch die gesellschaftlichen Beziehungen und Institutionen beeinflußt (z. B. durch Erziehung, Werbung, Mode, technische, wirtschaftliche, kulturelle, politische Entwicklungen).

Insbesondere kann auch jede welfare-politische Maßnahme selbst ein welfare-wirksamer Faktor sein und die Präferenzen der Individuen beeinflussen. Ihre Durchführung erfordert außerdem stets eine gewisse Zeit, in der sich die individuellen Wertskalen gewöhnlich verändern. Eine Maßnahme, die nach der ursprünglichen Präferenzskala als gut (die in-

---

[17] Vgl. die Unterscheidung von „utilité pour une collectivité" und „utilité d'une collectivité" bei *Pareto*, V.: Traité de sociologie générale, Bd. II, 1919, § 2131 ff., S. 1341 ff.; vgl. auch *Tinbergen*, S. 11 ff.
[18] „Kein Wirtschaftspolitiker ist in seinem praktischen Verhalten bereit, die Bedürfnisse der Gesellschaftsmitglieder ungeprüft in ihrer tatsächlichen Gestalt dem wirtschaftspolitischen Programm zugrundezulegen. Die Gesellschaftsmitglieder können bei Geltendmachung ihres Bedarfs ihr wohlverstandenes Interesse verkennen, ... "(*Weisser*, G.: Grundsätze der Verteilungspolitik, in: Grundsatzfragen der Wirtschaftsordnung, 1954, S. 56; vgl. auch ders.: Die Überwindung des Ökonomismus, S. 6—40, bes. S. 36 ff.). Vor allem im Hinblick auf die Beziehungen zwischen Gegenwart und Zukunft (Konsum und Sparen im ökonomischen Bereich) wird häufig bezweifelt, daß die Individuen in der Lage sind, zu beurteilen, was für sie am besten ist. Vgl. *Samuelson*, Found., S. 253, Anm.; *Bergson*, Soc. Ec., S. 414/5; *Peter*, Welf. Ec., S. 8, 9; *Tinbergen*, S. 14.
[19] Dies gilt nicht für die den Welfare Economics eng verwandten „Socialist Economics". Sie gehen davon aus, daß die gesellschaftliche Wertskala von einer staatlichen Institution festgesetzt wird, basieren prinzipiell aber auch auf individuellen Wertungen. Vgl. *Bergson*, Soc. Ec.
[20] Vgl. *Armstrong*, W. E.: The Determinateness of the Utility Function, Ec. J. 1939, S. 457; *Weber*, W., Z. f. N. 1954, S. 500/1, Anm. 61.

dividuelle Welfare erhöhend) anzusehen war, kann nach der neuen Wertskala als schlecht gelten[21].

Absolute Aussagen über die Welfare-Wirkungen einer Maßnahme im Zeitablauf sind somit unmöglich. Welfare-Vergleiche sind nur auf Grund eindeutig bestimmter, fest gegebener Wertskalen sinnvoll, also angesichts der Veränderlichkeit der individuellen Wertungen im Prinzip nur für einen Zeitpunkt.

Selbst wenn die individuellen Wertskalen als konstant angesehen werden, können auf Grund der individualistischen Konzeption eindeutige Welfare-Urteile nur in bestimmten Fällen getroffen werden. Eine Änderung der gesellschaftlichen Situation ist dann und nur dann als positiv (welfare-erhöhend) anzusehen, wenn mindestens ein Individuum besser-, aber keines schlechtergestellt wird. Eine Änderung ist negativ, wenn mindestens ein Individuum geschädigt und keines bessergestellt wird. Wird die Welfare einzelner Individuen erhöht, die anderer vermindert (gemischte Änderung), so kann ein Urteil nicht gefällt werden.

3. Utilitarismus und ökonomische Welfare

Im allgemeinen werden in den Welfare Economics nur die Fragen der ökonomischen Welfare behandelt. Als Ziel gilt nicht die Maximierung der Welfare schlechthin, sondern die der ökonomischen Welfare. Unter ökonomischer Welfare wird der Teil der gesellschaftlichen Welfare verstanden, der abhängt von bewirtschafteten (knappen) Gütern und Diensten, die der Befriedigung menschlicher Bedürfnisse dienen und — in der modernen Verkehrswirtschaft — gegen Geld getauscht werden können[22] (im folgenden kurz Güter genannt).

Die Maximierung der ökonomischen Welfare[23] ist im Prinzip das Ideal der utilitaristischen Philosophie, die die ethische Grundlage der älteren Welfare Economics bildet.

---

[21] Vgl. hierzu: *Schoeffler*, S.: Note on Modern Welfare Economics, A. E. R. 1952, S. 880 ff.

[22] Eine völlig exakte Abgrenzung der ökonomischen Welfare ist kaum möglich. *Pigou*, der bedeutendste Vertreter der älteren Welfare Economics, bezeichnet als ökonomische Welfare „that part of social welfare, which can be brought directly or indirectly into relation with the measuring rod of money." (*Pigou*, A. C.: The Economics of Welfare, 3. Aufl. 1929, S. 11). Nach *Little* wird die ökonomische Welfare „only affected by changes in the amount of things and services consumed, which could be exchanged for money, and the work done by each individual" (Crit., S. 6).

[23] Aufgefaßt als Summe der ökonomischen Welfare der Individuen. Die individuelle Welfare ergibt sich als Summe von Lust und Leid (pleasure and pain) des Individuums, vor allem der auf ökonomischen Faktoren beruhenden Bedürfnisbefriedigungen und Opfer (satisfactions and dissatisfactions). *Schumpeter* nennt daher den Utilitarismus, als dessen Hauptvertreter J. *Bentham* (An Introduction to the Principles of Morals and Legislations, 1789) gilt, eine „Beefsteak-Philosophie" (*Schumpeter*, J. A.: History of Economic Analysis, 1954, S. 130 ff.).

Die jüngeren Welfare Economics basieren nicht mehr in gleichem Maße auf utilitaristischem Gedankengut[24]. Die Maximierung der ökonomischen Welfare wird hier eher als „Partialnorm" angesehen, „die ihre Verbindlichkeit einbüßt, sobald sie mit anderen Normen kollidiert"[25]. Die Beschränkung auf die ökonomische Welfare hat dann den Sinn, das Untersuchungsobjekt auf den Bereich des mit nationalökonomischen Methoden Erfaßbaren zu begrenzen.

Die ökonomische Welfare eines Individuums gilt als abhängig lediglich von den Mengen der von ihm konsumierten Güter und der von ihm geleisteten Arbeit. Es wird angenommen, daß sie mit zunehmender Menge eines Gutes (bzw. steigendem Einkommen)[26] und mit sinkender Arbeitsmenge steigt (und umgekehrt).

Der Begriff der individuellen Welfare entspricht damit im Prinzip den Begriffen subjektiver Wert, (Gesamt-)Nutzen, Bedürfnisbefriedigung der ökonomischen Subjektivwertlehre.

Die Anerkennung der individuellen Präferenzen und die Beschränkung auf die ökonomische Welfare in dem dargestellten Sinne sind nur bedingt vereinbar.

Die Wertungen eines Individuums hängen erfahrungsgemäß nicht nur von seinem Konsum (Einkommen) und seiner Arbeitsleistung ab. Eine isolierte Betrachtung der ökonomischen Welfare ist daher nur dann uneingeschränkt vertretbar, wenn alle übrigen Tatbestände konstant und die individuellen Wertungen ökonomischer und nicht-ökonomischer Faktoren unabhängig voneinander sind.

Das ist in der Realität gewöhnlich nicht der Fall. Ökonomische und nicht-ökonomische Faktoren sind untrennbar miteinander verbunden. Änderungen ökonomischer Faktoren beeinflussen vielfach auch außerökonomische welfare-wirksame Tatbestände und ihre Wertung. Ebenso ist in gewissem Umfange die individuelle Wertung der Arbeitsleistung und des Einkommens (der Konsumgütermenge) von außerökonomischen

---

[24] Vgl. hierzu die dogmengeschichtlichen Aufsätze: *Little*, Rec. Dev.; *Weber*, W., Z. f. N. 1954.

[25] *Giersch*, S. 252. Ähnlich auch *Little*, Crit., S. 84/5. Vgl. ferner *Boulding*, K. E.: Welfare Economics, in: A Survey of Contemporary Economics, Bd. II, 1952, S. 3, und *Pigou*, Ec. of Welf., S. 11. *Pigou* hält es jedoch für wahrscheinlich, daß im allgemeinen Veränderungen der ökonomischen Welfare auch die Welfare insgesamt in gleicher Richtung, wenn auch nicht in gleichem Maße, beeinflussen (Ec. of Welf., S. 20).

[26] Ceteris paribus (konstante Arbeitsleistung und in der Tauschwirtschaft konstante Preise vorausgesetzt). Im allgemeinen wird das Einkommen als bester Ausdruck der ökonomischen Welfare eines Individuums angesehen. Vgl. *Boulding*, Welf.Ec., S. 5. *Boulding* selbst meint allerdings, daß „the capital stock is a better measure of welfare". Vgl. unten, Abschn. III A 4.

Faktoren abhängig[27]. Von besonderer Bedeutung sind hier die Wirtschaftsordnung, die äußeren Bedingungen des Wirtschaftsprozesses, die Formen der Produktion und der Verteilung, die Art und Weise, wie das Einkommen erzielt und verausgabt, die Güter- und Arbeitsmengen geändert werden (können)[28].

So differiert die individuelle Bewertung qualitativ und quantitativ gleicher Arbeitsleistungen u. U. stark mit dem Grad der Selbständigkeit der Arbeit.

Die individuelle Welfare kann durch außerökonomische (nicht in Geld bewertete) Faktoren, wie Rauch, Lärm u. ä., die mit ökonomischen Prozessen wie der Güterproduktion verbunden sind, beeinflußt werden[29].

Dem Tausch und dem Handeln als solchem kann ein gewisser (positiver oder negativer) Wert beigemessen werden (Freude am Handeln — Abneigung dagegen)[30]. U. U. wird ein ökonomisch ungünstigerer Tausch einem günstigeren vorgezogen, weil er etwa geringeres Feilschen erfordert.

In der modernen Geldwirtschaft kann die individuelle Welfare auch vom Geldwert (dem Preisniveau) beeinflußt werden. Wenn die Individuen einer „Geldillusion" unterliegen, wird eine allgemeine gleichmäßige Preis- und Einkommenssteigerung (bzw. -senkung) die individuelle Welfare steigern oder mindern, obgleich das Realeinkommen und die konsumierte Gütermenge unverändert bleiben[31].

Weiter hängt die individuelle Welfare gewöhnlich nicht nur von der Menge an Gütern und Diensten ab, die das betreffende Individuum selbst konsumiert, sondern auch vom Konsum (Einkommen) anderer. Ein Einkommenszuwachs wird häufig unterschiedlich bewertet, je nachdem wie sich die Einkommen anderer (der Konkurrenten, der Nachbarn, der Angehörigen der gleichen oder einer anderen gesellschaftlichen Gruppe) entwickelt haben[32].

---

[27] Ökonomische und außerökonomische Faktoren sind insoweit einerseits mit Kuppelprodukten, andererseits mit Komplementär- und Substitutionsgütern vergleichbar.

[28] Vgl. hierzu *Weisser*, Verteilungspol., S. 42/3: „ ‚Verteilt' wird nicht nur Geldeinkommen. Es handelt sich um alle Umstände der Bedarfsdeckung, in die der einzelne gestellt wird. V e r t e i l t w e r d e n L e b e n s l a g e n." (Sperrung von *Weisser*.) Vgl. auch *Peter*, Welf. Ec., S. 7; *Pigou*, Ec. of Welf., S. 14 ff.

[29] Vgl. *Pigou*, Ec. of Welf., S. 185 ff.

[30] Vgl. *Boulding*, Welf. Ec., S. 29—31. Auf die Möglichkeit, daß eine welfare-politische Maßnahme die individuelle Welfare beeinflußt, wurde bereits hingewiesen (vgl. S. 17). *Boulding* hält es darüber hinaus für möglich, daß aus einem gewissen Beharrungsvermögen heraus, aus Trägheit, jede Änderung negativ bewertet und u. U. ein an sich schlechterer, aber gegebener Zustand einem besseren möglichen vorgezogen wird.

[31] Vgl. *Boulding*, Welf.Ec., S. 28/9; (abgesehen von der Wirkung auf den Realwert der Ersparnisse).

[32] Vgl. *Samuelson*, Found., S. 224; *Bergson*, Soc.Ec., S. 415/6, Anm. 11, und S. 419, Anm. 21. „Consideration of the welfare implications of envy, for

Es gibt Individuen und Gruppen, die eine Erhöhung ihres Einkommens über ein bestimmtes Maß (z. B. über ein gewisses Normaleinkommen) nicht als erstrebenswert, d. h. nicht als individuelle Welfare-Steigerung ansehen.

Sehr bedeutsam für die individuelle Welfare sind u. U. auch soziologisch-psychologische Faktoren, wie Macht, Ansehen u. ä. Sie können einerseits von ökonomischen Faktoren (etwa der Einkommenshöhe) abhängig sein, andererseits die individuelle Wertung ökonomischer Faktoren beeinflussen und ökonomische Welfare ersetzen.

Weiter ist darauf hinzuweisen, daß die Arbeit vielfach nicht nur Mühe bereitet, sondern — jedenfalls in gewissen Grenzen — auch Freude, also die individuelle Welfare erhöht.

Mit diesen — zum Teil allerdings sehr bedeutsamen — Einschränkungen sind die Annahmen über die Bestimmungsfaktoren der individuellen Welfare empirisch verifizierbar[33, 34].

Wenn diese Annahmen gelten, so sind positive Änderungen der gesellschaftlich-ökonomischen Situation wegen der Knappheit der Güter nur begrenzt möglich. Wirtschaftspolitische Maßnahmen, durch die niemand geschädigt wird, gibt es kaum. Das gilt insbesondere in einer Wirtschaftsordnung, die auf dem freien Tausch basiert, da hier mögliche positive Änderungen weitgehend auf dem Wege des Tausches realisiert werden[35]. Die uneingeschränkte Anerkennung des streng individualistischen Prinzips würde daher praktisch jeglicher Wirtschaftspolitik den Boden entziehen[36].

4. Das Gleichheitsprinzip

Nach dem individualistischen Konzept kann zwischen Situationen mit unterschiedlicher Verteilung[37] nicht entschieden werden. Es ist aber wohl unstreitig, daß für die gesellschaftliche Welfare die Verteilung der

---

example, make it impossible even to say that welfare will be increased by everyone having more of every commodity, since we must first consider how the extra units are to be distributed." (*Reder*, M. W.: Comment zu *Boulding*, Welf.Ec., in: A Survey of Contemporary Economics, Bd. II, 1952, S. 35).

[33] Sie sind insofern werturteilsfrei. Es beinhaltet jedoch ein spezielles Werturteil, wenn und insoweit von diesen Annahmen abweichende individuelle Präferenzen nicht beachtet werden (sollen).

[34] Die individuellen Präferenzen (Wertskalen) sind nicht direkt zu ermitteln. Es kann nur aus dem tatsächlichen Verhalten auf die Wertskala geschlossen werden, wobei rationales, d. h. zweckentsprechendes Handeln vorausgesetzt werden muß.

[35] Vgl. den Exkurs (1), S. 61.

[36] Selbst durch Maßnahmen zur Konjunkturanregung oder Preisstabilisierung werden etwa Bezieher fester Einkommen oder Schuldner bzw. Gläubiger geschädigt. Vgl. *Scitovsky*, A. E. R. 1951, S. 306.

[37] Unterschiedliche Verteilung in dem Sinne, daß in jeder Situation einzelne Individuen besser-, andere dagegen schlechtergestellt sind, und zwar dadurch, daß sie mehr bzw. weniger Güter (Einkommen) haben.

Güter (des Sozialprodukts)[38] auf die Individuen von wesentlicher Bedeutung ist[39].

In bezug auf die Verteilung wird in den Welfare Economics vielfach das Gleichheitspostulat vertreten. Es wird — mit mannigfaltigen graduellen Abstufungen — gefordert, das Sozialprodukt solle gleichmäßig (oder möglichst gleichmäßig, oder weniger ungleichmäßig als etwa in der Realität) auf die Individuen verteilt werden.

Diese Forderung basiert vor allem auf der Vorstellung, daß alle Menschen wesensmäßig gleich seien. Der natürlichen Gleichheit aller Menschen im wesentlichen steht aber eine vielfältige Differenzierung und Ungleichheit im einzelnen gegenüber. Der Grad der Gleichheit bzw. Ungleichheit der Individuen ist nicht objektiv meßbar. Bestimmte Forderungen können daher auf diese Weise nicht exakt begründet werden.

Vielfach wird einfach unterstellt, daß die Bedürfnisse bzw. die „Bedürfnisbefriedigungsfähigkeit" (capacity for satisfaction) der Individuen gleich seien. Diese Annahme wird einmal damit begründet, daß in der Theorie „immer nur Durchschnittsmenschen, Durchschnittsbedürfnisse, Durchschnittsgefühle und Durchschnittsempfindungen ... in Anschlag gebracht werden"[40] könnten. Zum anderen wird die Ansicht vertreten, die Annahme gleicher Bedürfnisse entspreche besser der Realität als irgend eine andere[41].

Von einem individualistischen Standpunkt aus müssen diese Argumente recht fragwürdig erscheinen. In der Realität handelt es sich nicht um Durchschnittsmenschen, sondern um mehr oder minder differenzierte Einzelwesen. Dies kann freilich in Theorie und praktischer Politik (Wirtschaftspolitik, Sozialpolitik usw.) nicht oder nur bis zu einem gewissen Grade berücksichtigt werden. Die Forderung nach gleichmäßiger Verteilung läßt sich aber nicht in der dargestellten Weise, gleichsam naturwissenschaftlich, begründen. Sie bleibt ein ethisches Postulat.

Die Annahme gleicher Bedürfnisse führt zu der Konsequenz, daß alle Individuen von jedem Gut die gleiche Menge erhalten sollten. Eine derartige Verteilung wäre aber vom Standpunkt der Individuen in Wirklichkeit offensichtlich nicht optimal. Es genüge der Hinweis darauf, daß es Vegetarier und Fleischliebhaber gibt.

---

[38] Das Sozialprodukt ist der Inbegriff der in einer bestimmten Periode in einer Volkswirtschaft produzierten Güter. Um die Probleme auszuschalten, die bei einem Vergleich verschiedener Mengen mehrerer Güter auftreten, wird hier ein gegebenes Sozialprodukt im Sinne einer gegebenen Konsumgütermenge unterstellt.
[39] Das Gleiche gilt für die Verteilung der Arbeitsleistungen.
[40] *Neumann*, Fr. J.: Die progressive Einkommensteuer im Staats- und Gemeindehaushalt, 1874, S. 63; vgl. auch *Little*, Rec. Dev., S. 59; *Pigou*, A. C.: Some Aspects of Welfare Economics, A. E. R. 1951, S. 292.
[41] Vgl. *Carver*, T. N.: The Minimum Sacrifice Theory of Taxation, Pol. Sc. Qu. 1904, S. 74; *Lerner*, Ec. of Control, S. 28 ff.; *Peter*, Welf. Ec., S. 15.

Diese Schwierigkeit läßt sich scheinbar dadurch umgehen, daß nicht die Menge jedes einzelnen Gutes, sondern lediglich das Einkommen (in abstrakten Kaufkrafteinheiten) gleichmäßig verteilt wird, so daß jedes Individuum sein Einkommen entsprechend seinen spezifischen Bedürfnissen für die verschiedenen Güter verwenden kann[42]. Die Forderung nach gleichmäßiger Verteilung bezieht sich denn auch wohl ausnahmslos auf das Einkommen, nicht auf die einzelnen Güter[43].

Das Gleichheitsprinzip ist mit dem individualistischen Prinzip unvereinbar, sofern die Annahmen über die individuelle Welfare gelten. Wenn die Welfare eines Individuums in der dargestellten Weise lediglich von seinem eigenen Konsum (bei gegebener Arbeitsleistung) abhängt, so erstrebt kein Individuum eine gleichmäßige Verteilung, vielmehr will jeder mehr Güter, im Prinzip alles. Unter den genannten Voraussetzungen ist es daher auch prinzipiell unmöglich, Verteilungsprobleme durch demokratische Mehrheitsentscheidung zu lösen. Auf diesem Wege lassen sich keine eindeutigen Entscheidungen zwischen verschiedenen Situationen treffen, die sich in der Verteilung einer gegebenen Gütermenge unterscheiden. Ein Verteilungsoptimum ist auf dem Wege der demokratischen Abstimmung nicht zu bestimmen. Von jeder Situation aus gesehen gibt es andere Verteilungen, die von einer Mehrheit präferiert werden[44].

In dem folgenden Beispiel wird angenommen, daß eine gegebene Gütermenge von 120 Einheiten auf drei Individuen zu verteilen ist. Die Zeilen bezeichnen verschiedene Situationen mit unterschiedlichen Verteilungen (K, L, M); in den Spalten sind die Gütermengen angegeben, die jeweils auf die Individuen A, B und C entfallen.

	A	B	C
K	20	30	70
L	40	40	40
M	10	50	60
K	20	30	70

Tabelle 2

---

[42] Moderne Tauschwirtschaft vorausgesetzt.
[43] Gleichmäßige Einkommensverteilung beinhaltet aber nicht unbedingt eine bestimmte eindeutige Verteilung der Güter. Die Forderung nach gleichmäßiger Verteilung des Nominaleinkommens führt u. U. zu Widersprüchen, wenn gleiche Einkommensverteilung nicht als Selbstzweck angestrebt wird, sondern als Mittel, um gleiche Bedürfnisbefriedigung der Individuen zu erreichen. Vgl. S. 49/50.
[44] „We can be quite certain that it would be impossible to find any distribution of real income which a majority of people would find ideal ... an ideal distribution is a concept which is totally inapplicable in a democratic state" (*Little*, Rec. Dev., S. 53).

Die Ausgangssituation sei K. Jede Situation ist nach dem Mehrheitskriterium schlechter als die in der Tabelle folgende, also K$\bar{p}$L$\bar{p}$M$\bar{p}$K usw.[45, 46].

Die weitverbreitete Forderung nach einer gleichmäßigeren Verteilung als in der Realität läßt sich allerdings auch unter diesen Voraussetzungen erklären. In der Wirklichkeit ist das Volkseinkommen[47] im allgemeinen in der Weise verteilt, daß die große Mehrheit der Individuen ein unterdurchschnittliches Einkommen hat. Bei dieser Ausgangssituation (entsprechend der Situation K im obigen Beispiel) und gegebenem Volkseinkommen ist es also möglich, durch eine gleichmäßigere Verteilung (entsprechend L) die Mehrheit der Individuen besserzustellen. Daher wird in der gegebenen Situation (K) eine Mehrheit die gleichmäßige Verteilung (L) der bisherigen vorziehen.

Eine stärkere Tendenz, eine gleichmäßigere Verteilung anzustreben, läßt sich in gewissen Verhaltensweisen der Individuen erkennen, die mit den üblichen Annahmen nicht übereinstimmen. Es kann sein, daß von mehr oder minder großen Personengruppen nicht ein möglichst hohes, sondern etwa ein „gruppenübliches" Einkommen erstrebt wird. Die individuelle Lebensführung wird u. U. wesentlich durch den Gesichtspunkt des „Mithaltens mit dem Nachbarn" bestimmt, vor allem bei hohem individuellen Lebensstandard und hohem Wohlstand einer Volkswirtschaft.

Daraus kann aber nicht geschlossen werden, daß die Mehrheit der Individuen stets eine gleichmäßige Verteilung will. Auch wenn ein gruppenübliches Einkommen angestrebt wird, so ist doch im allgemeinen die Gruppe als solche bemüht, dieses gruppenübliche Einkommen zu steigern und den Abstand zu Gruppen mit niedrigeren Einkommen nicht geringer werden zu lassen.

Der zweite Gesichtspunkt (Beeinflussung des Verhaltens durch andere Individuen) bezieht sich direkt nur auf den Konsum, nicht unbedingt auf das Einkommen. Auch bei hohem Wohlstand dürfte das Streben nach einem möglichst hohen Einkommen eine größere Rolle spielen als das nach einem durchschnittlichen oder üblichen Einkommen. Allerdings spielen dabei sicherlich in stärkerem Maße immaterielle Ziele (Macht, Ansehen u. ä.) mit als bei niedrigerem Lebensstandard.

Mit Hilfe der demokratischen Methode der Mehrheitsentscheidung läßt sich somit eine eindeutige Wertskala nicht ermitteln und das Problem der optimalen Verteilung nicht lösen.

---

[45] Die Symbole p und $\bar{p}$ sind zu lesen: besser als (wird präferiert gegenüber) bzw. schlechter als.

[46] Es handelt sich hier um einen Spezialfall des auf S. 15 dargestellten allgemeinen Problems.

[47] Unter Volkseinkommen wird der monetäre Ausdruck des Sozialprodukts verstanden.

Aus welchem Grund und in welcher spezifischen Form das Gleichheitspostulat auch vertreten wird, es stellt unmittelbar kein ausreichendes Kriterium zur Beurteilung verschiedener Situationen mit unterschiedlichen, ungleichen Verteilungen dar (wie z. B. K und M in Tab. 2). Hierzu wäre eine Wertung der relativen Gleichheit bzw. Ungleichheit solcher Situationen erforderlich. Einen einheitlichen, allgemein anerkannten Maßstab für den Grad der Ungleichheit gibt es jedoch nicht[48].

Das Problem wird noch komplexer, wenn die Annahme einer gegebenen Gütermenge fallengelassen wird, wenn also Situationen mit unterschiedlichen Gütermengen und unterschiedlichen Anteilen der Individuen an den Gütermengen zu vergleichen sind, wie in folgendem Beispiel:

	A	B	C	Σ	Mittel
K_1	20	55	60	135	45
L_1	60	60	60	180	60
L_2	50	50	50	150	50
L_3	35	35	35	105	35
L_4	15	15	15	45	15

Tabelle 3

Nach dem individualistischen Prinzip und bei den üblichen Annahmen über die individuelle Welfare ist

$$L_1 p L_2 p L_3 p L_4 \text{ und } L_1 p K_1 p L_4$$

Zwischen K_1 einerseits und L_2 sowie L_3 andererseits kann nicht entschieden werden.

Nach dem Prinzip der Mehrheitsentscheidung ergibt sich

$$L_1 p K_1 p L_2 p L_3 p L_4$$

K_1 wird also gegenüber L_2 vorgezogen, obwohl in K_1 die Gütermenge geringer und die Verteilung ungleicher ist als in L_2.

Wird das Gleichheitspostulat so ausgelegt, daß die Individuen unabhängig von der Höhe der Gütermenge gleiche Anteile haben sollen und eine Situation mit gleicher Verteilung einer anderen mit ungleicher Verteilung stets vorgezogen wird, so ist K_1 schlechter als alle anderen Situationen einschließlich L_4, obwohl in L_4 alle Individuen schlechtergestellt sind als in K_1.

Die Widersprüche sind offenkundig. Eine eindeutige Wertskala ist nicht durch einfache Kombination des individualistischen und des Gleich-

---

[48] Es gibt verschiedene statistische Methoden zur Messung der Ungleichheit, die aber zum Teil zu unterschiedlichen Ergebnissen führen können.

heitsprinzips zu erhalten. Sie ließe sich vielmehr nur auf Grund eines anderen, übergeordneten Kriteriums gewinnen.

5. Das Problem des interindividuellen Welfare-Vergleichs

a) in den älteren Welfare Economics

Die Aufstellung einer vollständigen Wertskala und die Wertung gemischter Änderungen setzen die Vergleichbarkeit von Welfare-Einbußen und Welfare-Zuwächsen verschiedener Individuen voraus.

In den älteren, utilitaristischen Welfare Economics wurden derartige interindividuelle Welfare-Vergleiche als objektiv möglich (wertfrei) angesehen. Diese Auffassung wurde zwar stets bestritten, kann aber erst seit der scharfen ablehnenden Stellungnahme durch *Robbins*[49] generell als überholt gelten.

Heute wird allgemein anerkannt, „daß der Grundsatz der subjektiven Bewertung Vergleiche von Empfindungen, also von Unlust und Lust, von Opfer und Genuß verschiedener Individuen nicht zuläßt"[50]. Es kann nicht gesagt werden, daß bei einer gemischten Änderung etwa die Einbuße an individueller Welfare des A größer oder geringer *ist* als der Zuwachs an individueller Welfare des B, sondern nur, daß sie höher oder niedriger *gewertet wird*. Mit anderen Worten: Interindividuelle Welfare-Vergleiche erfordern spezifische Wertungen. Allgemein oder auch nur weitgehend anerkannte Kriterien, die derartige Wertungen ermöglichen, gibt es nicht.

Im praktischen Leben werden aber doch interindividuelle Welfare-Vergleiche „auf Schritt und Tritt" vorgenommen[51]. Die alltägliche Feststellung: „Dem A geht es besser als dem B", stellt in der Tat eine Art Welfare-Vergleich dar. Eine derartige Aussage ist jedoch nicht objektiv, sondern beruht auf einer subjektiven Wertung des Urteilenden. Sie kann nicht besagen, daß es dem A tatsächlich besser geht als dem B; der Urteilende bringt vielmehr lediglich zum Ausdruck, daß er persönlich lieber in der Situation des A wäre als in der des B[52].

b) in den neueren Welfare Economics (*Kaldor-Hicks-Kriterium*)

In den neueren Welfare Economics der Richtung *Kaldor-Hicks*[53] wird versucht, dem Problem der Verteilung und des interindividuellen Wel-

---
[49] An Essay, bes. S. 120 ff.
[50] *De Viti de Marco*, A.: Grundlehren der Finanzwirtschaft, 1932, S. 117.
[51] *Peter*, Welf. Ec., S. 9.
[52] *Alchian*, A.: The Meaning of Utility Measurements, A. E. R. 1953, S. 50.
[53] *Kaldor*, N.: Welfare Propositions of Economics and Interpersonal Comparisons of Utility, Ec. J. 1939, S. 549 ff.; *Hicks*, Ec. J. 1939, S. 696 ff. Vgl. auch *Little*, Rec. Dev., und *Weber*, W., Z. f. N. 1954, S. 115 ff.

fare-Vergleichs aus dem Wege zu gehen und dadurch „objektive" Welfare Economics zu schaffen.

Wie oben dargelegt wurde, ist eine objektive, werturteilsfreie Welfare-Theorie nicht möglich. Auch *Kaldor* und *Hicks* gehen von einer Reihe außerwirtschaftlicher Prämissen (insbesondere dem individualistischen Prinzip) aus. Es ist daher nicht recht einzusehen, warum in bezug auf die Verteilung Werturteile vermieden werden sollen[54]. Dafür spricht allerdings, daß die im individualistischen Prinzip implizierten Werturteile weitgehend allgemein anerkannt, Werturteile hinsichtlich der Verteilung dagegen stark umstritten sind.

Mit Hilfe des Kaldor-Hicks-Kriteriums können Welfare-Urteile auch bei gemischten Änderungen getroffen werden. Danach wird durch eine gemischte Änderung die Welfare erhöht, wenn die durch die Änderung Bessergestellten die Schlechtergestellten entschädigen könnten und dann noch einen Nettovorteil behielten. Die Welfare sinkt, wenn die Gewinner die Verlierer nur mit eigenem Verlust entschädigen könnten. Da interpersonelle Welfare-Vergleiche ausgeschlossen werden, wird eine Aussage darüber, ob die Entschädigung gezahlt werden soll oder nicht, abgelehnt. Für eine positive Beurteilung einer Änderung ist nicht eine *tatsächliche* Entschädigung, sondern nur eine *potentielle* Überkompensation der individuellen Einbußen erforderlich.

Diese Ansicht hat sich nicht durchgesetzt[55]. Welfare-Urteile sind unter den dargelegten Bedingungen nicht möglich ohne interpersonelle Vergleiche und ohne Rücksicht auf die Verteilung[56].

Auch das Kaldor-Hicks-Kriterium impliziert übrigens einen gewissen interpersonellen Vergleich. Die subjektiven Nutzen, die verschiedene Individuen (Gewinner und Verlierer bei einer Änderung) gleichen Einkommenszuwächsen bzw. -minderungen[57] beimessen, werden — ohne Rücksicht auf die absolute Höhe ihrer Einkommen — als indifferent betrachtet. Wird diese Auffassung abgelehnt, wie es heute allgemein der Fall ist, so ist das Kaldor-Hicks-Kriterium lediglich ein Kriterium für eine *potentielle* Welfare-Steigerung[58]. Soll eine Änderung tatsächlich die

---

[54] *Samuelson* vergleicht diese Auffassung sarkastisch mit der Meinung, „that it does not matter whether or not a man has hair, so long it is curly!" (Found., S. 250).
[55] Vgl. *Samuelson*, Comment zu *Boulding*, S. 37; ders: Found., S. 252; *Little*, Rec. Dev., S. 54/5. Nach dem Kaldor-Hicks-Kriterium wäre es auch positiv zu beurteilen, wenn ein Reicher auf Kosten aller anderen, Armen, bessergestellt würde, sofern er nur in der Lage wäre, die Verlierer zu entschädigen.
[56] Außerdem ist es, wie *Scitovsky* gezeigt hat, u. U. möglich, daß gemäß dem Kaldor-Hicks-Kriterium von zwei verschiedenen Situationen jede der anderen vorzuziehen ist, die Transitivitätsbedingung also verletzt wird. Vgl. S. 64/65 und S. 71 ff.
[57] Konstante Preise vorausgesetzt.
[58] Vgl. *Pigou*, A. E. R. 1951, S. 298.

Welfare erhöhen, so muß sie nach *Little* neben dem Kaldor-Hicks-Kriterium noch die Bedingung erfüllen, daß die Einkommensverteilung nicht ungünstig beinflußt wird[59].

Einen allgemein anerkannten Maßstab für die „Güte" der Einkommensverteilung aber gibt es nicht. Doch auch wenn ein bestimmter Maßstab für die Bewertung der Verteilung angenommen wird, läßt sich nach der *Little*schen Konzeption keine vollständige Wertskala aufstellen: Welfare-Urteile über Änderungen, die das Kaldor-Hicks-Kriterium erfüllen, aber die Einkommensverteilung verschlechtern oder umgekehrt das Kaldor-Hicks-Kriterium nicht erfüllen, aber die Verteilung günstig beeinflussen, sind nicht möglich.

6. Zusammenfassung

Eine logisch einwandfreie und praktisch bedeutsame Welfare-Theorie setzt eindeutige Kriterien zur Beurteilung der verschiedenen gesellschaftlichen Zustände voraus, die

(1) eine widerspruchsfreie Wertung ermöglichen (Transitivitätsbedingung),
(2) umfassend sind, d. h. die Beurteilung vieler, möglichst aller gesellschaftlicher Situationen zulassen,
(3) (in einer demokratischen Gesellschaftsordnung) möglichst allgemein, zumindest von der Mehrheit der Individuen, anerkannt sind.

Derartige Kriterien gibt es nicht.

Das individualistische Prinzip ist weitgehend, doch nicht ohne Einschränkung (Gesetz, Sitte, wahre und wohlverstandene Interessen) anerkannt. Es ermöglicht widerspruchsfreie Wertungen, aber nur für eine bestimmte Gruppe von Situationen bzw. Änderungen (nicht bei „gemischten" Änderungen) und nur unter gewissen, in der Realität nicht immer gegebenen Bedingungen (Konstanz der individuellen Wertskalen).

Die Begrenzung des Zieles, die Welfare zu maximieren, auf den ökonomischen Bereich ist mit dem individualistischen Prinzip nur bedingt vereinbar (nur bei Konstanz der nicht-ökonomischen Faktoren und Unabhängigkeit der ökonomischen Faktoren der individuellen Welfare).

Zur Wertung von Situationen mit unterschiedlicher Verteilung gibt es kein generell akzeptiertes Kriterium. Das demokratische Prinzip der Mehrheitsentscheidung ist zur Lösung der Verteilungsproblematik ungeeignet. Das Gleichheitspostulat wird in weiten Kreisen, aber nicht allgemein und nicht in einheitlicher Form vertreten. Es steht u. U. in Widerspruch zu den Wertungen auf Grund des individualistischen Prinzips.

---

[59] Vgl. *Little*, Rec. Dev., S. 55.

Objektive interindividuelle Welfare-Vergleiche, die Welfare-Urteile über gemischte Änderungen ermöglichen würden, sind nicht möglich. Ein allgemein anerkanntes Kriterium für interindividuelle Welfare-Vergleiche gibt es nicht.

Das Kaldor-Hicks-Kriterium in uneingeschränkter Form wird als Basis für Welfare-Urteile weitgehend abgelehnt. Wird das Kaldor-Hicks-Kriterium nach dem Vorschlag *Littles* mit einem Verteilungskriterium kombiniert, so sind Welfare-Wertungen für einen großen Bereich von Situationen bzw. Änderungen (die nur das eine oder das andere Kriterium erfüllen) unmöglich.

Auf individualistisch-demokratischer Grundlage kann keine vollständige Wertskala gewonnen werden. Einer umfassenden allgemeinen Welfare-Theorie fehlt somit die Basis.

III. Die theoretisch-ökonomischen Grundlagen der Welfare Economics

Auf der Grundlage ethischer Zielsetzungen und Wertungskriterien wird in der Welfare-Theorie versucht, mit Hilfe nationalökonomischer Methoden Maßstäbe für Welfare-Urteile zu gewinnen und die ökonomischen Bedingungen der Welfare-Steigerung bzw. -Maximierung aufzuzeigen[1].

Dabei ist stets zu beachten, daß wertende Aussagen der Theorie nur insoweit gültig sein können, als die zugrunde liegenden ethischen Wertungskriterien anerkannt werden.

A. Die Messung der individuellen Welfare

Nach dem individualistischen Prinzip gilt die gesellschaftliche Welfare als abhängig von der Welfare der Individuen. Die individuelle Welfare wird gleichgesetzt dem subjektiven Nutzen der konsumierten Güter unter Berücksichtigung des subjektiven Arbeitsleides[2].

1. Grundsätzliches

a) Drei Nutzenkonzepte

Die Meßbarkeit der individuellen Welfare (des subjektiven Nutzens) ist sehr umstritten[3]. Es lassen sich drei Auffassungen unterscheiden[4]:

(1) Nach dem streng ordinalen Nutzenkonzept ist die individuelle Welfare nicht meßbar im engeren Sinne des Wortes. Es kann nur gesagt werden, ob eine Situation im Vergleich zu einer anderen größere, kleinere oder gleich große individuelle Welfare gewährt, ob durch eine Änderung der Situation die individuelle Welfare steigt, abnimmt oder gleich bleibt (z. B. $U_K > U_L > U_M$)[5]. Dagegen läßt sich nichts über das Ausmaß der Welfare-Differenz zweier Situationen

---

[1] Unter Welfare wird nunmehr stets die ökonomische Welfare verstanden.
[2] Vgl. Abschn. II, 2.
[3] Seit den Anfängen der subjektiven Werttheorie. Vgl. *v. Rostenstein-Rodan*, Grenznutzen, S. 1193 ff.; *Schumpeter*, History, Note on the Theory of Utility, S. 1053 ff.
[4] Vgl. u. a. *Alchian*, A. E. R. 1953, S. 26 ff.; *Tyszynski*, H.: Comparisons between Increments of „Utility", Ec. J. 1954, S. 258 ff.; *Alt*, F.: Über die Meßbarkeit des Nutzens, Z. f. N. 1936, S. 161 ff.
[5] U bezeichnet die individuelle Welfare, die Indizes kennzeichnen verschiedene Situationen; $U_{K \rightarrow L}$ ist als Nutzendifferenz zwischen K und L bzw. (bei marginalen Änderungen) als Grenznutzen aufzufassen.

bzw. das Ausmaß einer Welfare-Änderung aussagen. Verschiedene Nutzenniveaus können lediglich durch ordinale Zahlen (nicht addierbare Ordnungszahlen) gekennzeichnet werden. Bezeichnet man den Zuwachs bzw. die Abnahme der individuellen Welfare infolge einer (exakt: marginalen, d. h. unendlich kleinen) Änderung eines welfare-wirksamen Faktors als Grenznutzen, so kann also lediglich das Vorzeichen des Grenznutzens bestimmt werden, nicht aber sein numerischer Wert (z. B. $U_{K \to L} > 0$, $U_{M \to L} < 0$).

(2) Nach dem streng kardinalen Nutzenkonzept ist es dagegen möglich, die individuelle Welfare (den subjektiven Nutzen) insgesamt wie auch die Grenznutzen bzw. Nutzendifferenzen in numerischen Werten zu messen und mit diesen Werten zu rechnen (z. B. $U_K = 2 U_L = 3 U_M$ und $U_{K \to L} = 3 U_{L \to M}$). Es lassen sich also numerische Verhältnisse verschiedener Gesamtnutzen und verschiedener Nutzendifferenzen bestimmen. Der Gesamtnutzen einer Gruppe von Einheiten welfare-wirksamer Faktoren ist gleich der Summe der Nutzen der einzelnen Einheiten (vorausgesetzt, daß die Einzelnutzen unabhängig voneinander sind).

(3) Zwischen dem streng ordinalen und dem streng kardinalen Nutzenkonzept liegt die Auffassung, daß sich zwar die numerischen Verhältnisse verschiedener Nutzendifferenzen ermitteln lassen, nicht aber die verschiedener Gesamtnutzen. Es könne also festgestellt werden, daß z. B. $U_{K \to L} = 3 U_{L \to M}$, nicht aber, daß $U_K = 2 U_L = 3 U_M$. Die Gesamtnutzen werden demnach als ordinale Werte, die Nutzendifferenzen als kardinale Werte angesehen[6].

b) Die Gossenschen Gesetze

In den älteren Welfare Economics galt der subjektive Nutzen grundsätzlich als kardinale Größe. Die Welfare eines Individuums (der subjektive Gesamtnutzen) wurde als Summe der subjektiven Bedürfnisbefriedigungen[7] angesehen.

---

[6] Die Nutzenmessung gemäß dem streng kardinalen Prinzip ist vergleichbar der Messung von Längen, Flächen, Volumen usw.; für sie gibt es feste Maßstäbe mit eindeutig bestimmtem Nullpunkt. Die verschiedenen Maßstäbe (z. B. km, m, cm) unterscheiden sich lediglich durch multiplikative Konstanten.
Die Meßbarkeit des Nutzens nach dem gemischten Konzept entspricht etwa der der Temperatur. Hier gibt es keinen einheitlichen Nullpunkt; die verschiedenen Maßstäbe unterscheiden sich zum Teil auch durch additive Konstanten. Es ist wohl sinnvoll zu sagen, die Temperatur sei z. B. heute doppelt so stark gestiegen wie gestern (z. B. um 4° bzw. 2° Celsius, gleichbedeutend 3,2° bzw. 1,6° Réaumur und 7,2° bzw. 3,6° Fahrenheit); es ist aber nicht sinnvoll zu sagen, die Temperatur sei etwa heute doppelt so hoch wie vorgestern (z. B. 20° C. bzw. 10° C.; gleichbedeutend wären 68° F. bzw. 50° F.). Vgl. *Tyszynski*, Ec. J. 1954, S. 260/1.

[7] Im positiven und im negativen Sinne (satisfactions und dissatisfactions).

Von grundlegender Bedeutung für die ältere Theorie des subjektiven Wertes und die darauf basierende Welfare-Theorie waren die beiden Gossenschen Gesetze:

(1) Der Grenznutzen eines Gutes, der Nutzen der letzten Gütereinheit, nimmt mit zunehmender Menge dieses Gutes ab (die Intensität eines Bedürfnisses sinkt mit zunehmender Befriedigung dieses Bedürfnisses).

(2) Das Einkommen eines Individuums in einer bestimmten Periode wird so auf die einzelnen Güterarten verteilt, daß die letzte Einkommenseinheit in allen Verwendungsarten den gleichen Grenznutzen erzielt oder, anders ausgedrückt, daß der gewogene Grenznutzen (d. h. das Verhältnis zwischen Nutzen der letzten Gütereinheit und Preis des Gutes) aller Güter gleich ist[8].

Das 2. Gossensche Gesetz beinhaltet eine Aussage über das rationale Verhalten des Individuums, d. h. über das zweckmäßige Verhalten zur Erreichung des individuellen Welfare-Optimums, und charakterisiert gleichzeitig die Bedingungen dieses Optimums.

Der gewogene Grenznutzen der Güter im Optimum wird als Grenznutzen des Einkommens bezeichnet. Aus den Gossenschen Gesetzen folgt, daß der Grenznutzen des Einkommens mit steigendem Einkommen sinkt, da mit höherem Einkommen Güter geringeren absoluten und gewogenen Grenznutzens gekauft werden.

c) Grenzrate der Substitution, Indifferenzkurven

Von der überwiegenden Mehrzahl der Nationalökonomen werden heute der subjektive Nutzen und Grenznutzen als nicht meßbar, als ordinale und nicht kardinale Größen angesehen.

In der modernen Subjektivwertlehre, der theoretischen Grundlage der neueren Welfare Economics, wird, dem streng ordinalen Nutzenkonzept entsprechend, jede Aussage über die Größe und meist sogar der Begriff des Grenznutzens vermieden[9]. Er wird ersetzt durch den Begriff der

---

[8] Voraussetzungen: Freie Verkehrswirtschaft (mit privatem Eigentum an Gütern und Faktoren — außer an fremder Arbeitskraft — und freier Verfügung über Güter und Faktoren durch Tausch); gegebenes Einkommen; gegebene Preise; das Sparen wird ausgeschlossen oder als besonderes Gut angesehen. Für die Marginalbetrachtung muß ferner angenommen werden, daß Güter und Bedürfnisse unbegrenzt teilbar sind.
Ist das Einkommen abhängig von der individuellen Arbeitsleistung und diese frei wählbar, so wird *die* Arbeitsmenge geleistet, bei der das gewogene Grenzleid der Arbeit (Grenzleid: Lohn) gleich dem Grenznutzen des Einkommens ist. Wird die Arbeit als negatives Gut angesehen, so erübrigt sich diese spezielle Aussage (mit einem Teil des Einkommens läßt sich gewissermaßen das „Gut" Freizeit erkaufen).
[9] Andererseits wird auch heute gewöhnlich angenommen, daß der Grenznutzen des Einkommens sinkt.

Grenzrate der Substitution[10]. Als Grenzrate der Substitution von x durch y ($R_{x,y}$) wird die Menge des Gutes x bezeichnet, deren Verlust die Zunahme des Gutes y um eine marginale Einheit in der Wertung des Individuums gerade ausgleicht. Die Grenzrate der Substitution $R_{x,y}$ in einer bestimmten Situation K entspricht dem Verhältnis der Grenznutzen von y und x in K[11].

An die Stelle des 1. Gossenschen Gesetzes tritt in der neueren Nutzentheorie das Gesetz der abnehmenden Grenzrate der Substitution: $R_{x,y}$ nimmt mit zunehmender Substitution von x durch y erfahrungsgemäß ab.

Dem 2. Gossenschen Gesetz entspricht die Feststellung der neueren Nutzentheorie, das individuelle Einkommen werde so auf die einzelnen Güter verteilt, daß die Grenzrate der Substitution zwischen je zwei Gütern umgekehrt proportional den Preisen dieser Güter ist[12, 13]. Damit sind wiederum die Bedingungen des individuellen Welfare-Optimums bestimmt.

Diese Beziehungen lassen sich für ein Zwei-Güter-Modell in einem Indifferenzkurvendiagramm veranschaulichen. Es wird angenommen, daß es nur zwei Güter, x und y, gibt. In Zeichnung 1 werden auf den Ordinaten Mengen von x und y abgetragen[14]. Jeder Punkt des Diagramms repräsentiert eine bestimmte Mengenkombination q_x, q_y. Alle Punkte, die Güterkombinationen mit gleichem Nutzengrad (gleichem subjektivem

---

[10] Vgl. zu den folgenden Ausführungen: *Hicks*, J. R.: Value and Capital, 1946, S. 11 ff.; *Schneider*, E.: Einführung in die Wirtschaftstheorie, Bd. II, 4. Aufl. 1956, S. 16 ff.

[11] $(-)\dfrac{dU}{dq_{y,K}} : \dfrac{dU}{dq_{x,K}} = (-)\,dq_{x,K} : dq_{y,K}$, wobei q_x und q_y Mengen der Güter x und y bezeichnen, $\dfrac{dU}{dq_{x,K}}$ den Grenznutzen von x in K ergibt und $dq_{x,K} : dq_{y,K}$ der algebraische Ausdruck für $R_{x,y}$ in K ist. Das negative Vorzeichen von $R_{x,y}$ wird im allgemeinen vernachlässigt.

[12] Z. B. $R_{x,y} = p_y : p_x$ (p_x und p_y bezeichnen die Preise von x und y).

[13] Unter den gleichen Voraussetzungen, die in bezug auf das 2. Gossensche Gesetz genannt worden sind; vgl. Anm. 8.

Die generelle Optimumbedingung auch für den Fall, daß die Preise nicht gegeben, sondern von der Nachfrage des Individuums abhängig sind, lautet: $R_{x,y}$ ist gleich dem Verhältnis der Grenzausgaben für y und x, d. h.

$$R_{x,y} = \dfrac{d\,(p_y q_y)}{d\,q_y} : \dfrac{d\,(p_x q_x)}{d\,q_x}$$

Die Arbeit kann wiederum als negatives Gut angesehen werden. Die Grenzrate der Substitution zwischen der individuellen Arbeitsleistung und einem Produkt ist dann die *Mehr*arbeit, die durch die Zunahme des Produktes um eine (marginale) Einheit in der Wertung des Individuums gerade ausgeglichen wird.

[14] Vgl. S. 34.

Wert) darstellen (d. h. Güterkombinationen, zwischen denen das Individuum indifferent ist), können durch eine Indifferenzkurve verbunden werden. Der Nutzengrad steigt von Indifferenzkurve zu Indifferenzkurve mit wachsender Entfernung von den Ordinaten (in Pfeilrichtung in Z. 1). Die Grenzrate der Substitution zwischen x und y bei einer beliebigen Mengenkombination q_x, q_y kommt in der Neigung der jeweiligen Indifferenzkurve in dem entsprechenden Punkt des Diagramms zum Ausdruck[15].

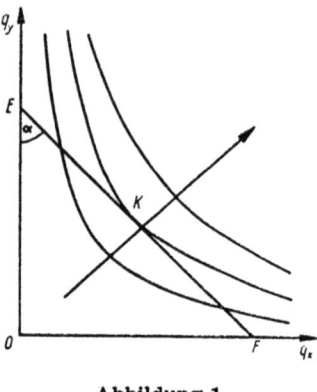

Abbildung 1

Mit einer gegebenen Ausgabensumme c kann das Individuum eine Reihe unterschiedlicher Güterkombinationen kaufen. Sie kommen (bei gegebenen Preisen p_x und p_y) in der graphischen Darstellung (Z. 1) zum Ausdruck als Punkte einer Geraden, der Bilanzgeraden EF[16].

Das Individuum wählt dann diejenige der möglichen Güterkombinationen, die ihm den höchsten subjektiven Wert bietet. Diese Optimalkombination wird in Z. 1 repräsentiert durch den Punkt K, den Berührungspunkt der Bilanzgeraden mit einer Indifferenzkurve. In K ist die Grenzrate der Substitution von x durch y (das Verhältnis der Grenznutzen von y und x) gleich dem Verhältnis der Preise von y und x[17].

---

[15] $R_{x,y}$ in einem bestimmten Punkt ist gleich dem Tangens des Winkels, den die Tangente an die Indifferenzkurve in diesem Punkte mit der y-Achse bildet (tgα in bezug auf K in Z. 1); denn tgα = OF : OE = $dq_{x,K}$: $dq_{y,K}$. Allgemein ergibt sich $R_{x,y}$ als erste Ableitung der jeweiligen Indifferenzkurvenfunktion x = g (y) nach y.

[16] Die Bilanzgerade ist durch die Bilanzgleichung $p_x q_x + p_y q_y = c$ bestimmt.

[17] In K ist $R_{x,y}$ = tgα = OF : OE = $p_y : p_x$, denn OF = c : p_x und OE = c : p_y.

2. Die Messung des Grenznutzens

Es ist verschiedentlich der Versuch gemacht worden, den Grenznutzen des Einkommens empirisch zu messen. Die vor allem von *Fisher* und *Frisch* entwickelten Verfahren[18] beruhen im Prinzip auf einem Vergleich verschiedener Situationen, in denen bei unterschiedlichen Preisen und Einkommen die gleiche Menge eines Gutes verbraucht wird. Es wird unterstellt, daß damit auch der Grenznutzen dieses Gutes in den verschiedenen Situationen gleich ist; die Grenznutzen der Einkommen stehen dann (nach dem 2. Gossenschen Gesetz) im umgekehrten Verhältnis wie die jeweiligen Preise des in konstanter Menge konsumierten Gutes. Da der Grenznutzen dieses Gutes selbst auf diesem Wege nicht meßbar ist, können keine absoluten Werte der Grenznutzen des Einkommens ermittelt werden, sondern nur Verhältniswerte[19]. Die verschiedenen Untersuchungen haben zu recht unterschiedlichen Ergebnissen im einzelnen geführt[20], aber die These bekräftigt, daß der Grenznutzen des Einkommens sinkt[21].

Die angedeuteten Verfahren werden heute allgemein abgelehnt, da eine der wesentlichsten Annahmen, auf denen sie basieren, unhaltbar ist. Dieser Annahme gemäß bleibt der Grenznutzen einer gegebenen Menge eines Gutes auch bei unterschiedlichen Preis- und Einkommensverhältnissen gleich, ist also unabhängig von anderen Faktoren als der Menge des betreffenden Gutes. Die Grenznutzen der Güter sind jedoch nicht unabhängig; zwischen den verschiedenen Gütern bestehen vielfältige Substitutions- und Komplementärverhältnisse. „Daher ist die Größe des Einzelnutzens eines Gutes nicht nur von der Menge dieser einen Güterart, sondern auch von den Mengen aller anderen verschiedenartigen Güter, über die das Individuum verfügt, abhängig"[22, 23].

In jüngerer Zeit ist eine andere Methode zur Nutzenmessung im Sinne des gemischten Nutzenkonzepts aufgezeigt worden, und zwar für

---

[18] *Fisher*, I.: A Statistical Method for Measuring Marginal Utility and Testing the Justice of a Progressive Income Tax, in: Economic Essays Contributed in Honor of J. B. *Clark*, 1927, S. 157 ff.; *Frisch*, R.: New Methods of Measuring Marginal Utility, 1932. Vgl. hierzu u. a. *Weinberger*, O.: Über Verfahrensweisen zur Bestimmung des geldlichen Grenznutzens, Z. f. d. ges. Staatswiss. 1932, S. 385 ff.; *Winkler*, W.: Grundfragen der Ökonometrie, 1951, S. 15—19 und S. 51 ff.; *Winkler* gibt einen Überblick über die Versuche zur statistischen Grenznutzenmessung und hat selbst Messungen nach eigenen Verfahren durchgeführt.
[19] Diese Methode entspricht somit dem „gemischten" Nutzenkonzept.
[20] Vgl. *Winkler*, Ökonometrie, S. 15—19 und S. 51 ff.
[21] Korrekt: bei steigendem Einkommen; dieser Passus wird als selbstverständlich weggelassen.
[22] *v. Rosenstein-Rodan*, Grenznutzen, S. 1191.
[23] Hinzu kommt, daß bei den verschiedenen statistischen Untersuchungen stets auf Material von verschiedenen Individuen bzw. Haushaltungen zurückgegriffen worden ist. Damit ergibt sich das Problem der Vergleichbarkeit der subjektiven Nutzwerte; vgl. hierzu Abschn. II, 5.

Fälle, in denen Unsicherheitsfaktoren eine Rolle spielen[24, 25]. Sie basiert auf der Annahme, daß die Individuen bestrebt sind, den erwarteten Nutzen zu maximieren.

Ein Individuum habe die Wahl zwischen einer bestimmten sicheren Situation L und der Möglichkeit, mit einer gewissen Wahrscheinlichkeit r ($0 < r < 1$) in eine bessere Situation K und mit der komplementären Wahrscheinlichkeit 1—r in eine schlechtere Situation M zu gelangen ($U_K > U_L > U_M$). Die einzelnen Situationen mögen sich lediglich in der Höhe des verfügbaren Einkommens unterscheiden, so daß K, L und M hier als Einkommensgrößen aufgefaßt werden können.

Maßgebend für die Entscheidung des Individuums zwischen L und der kombinierten Möglichkeit (K, M) sei, so wird unterstellt, das Verhältnis zwischen der Gewinnchance (in *Nutz*werten) — d. h. dem Nutzen des möglichen Einkommenszuwachses, multipliziert mit dem Wahrscheinlichkeitsfaktor r, mit dem er erlangt wird — und dem entsprechenden Verlustrisiko (dem Nutzen des möglichen Verlustes, multipliziert mit dem zugehörigen Faktor 1—r).

(K, M) werde gegenüber L präferiert, wenn die Gewinnchance $U_{L \to K} \cdot r$ größer ist als das Verlustrisiko $(-U_{L \to M}) \cdot (1-r)$, oder — anders ausgedrückt — wenn $U_{L \to K} : (-U_{L \to M}) > (1-r) : r$.

L werde (K, M) vorgezogen, wenn das so definierte Verlustrisiko die Gewinnchance übersteigt.

Das Individuum sei indifferent gegenüber L und (K, M), wenn Gewinnchance und Verlustrisiko gleich sind, d. h. wenn $U_{L \to K} : (-U_{L \to M}) = (1-r) : r$.

Im Falle der Indifferenz lassen sich auf Grund der letzten Gleichung die relativen Nutzendifferenzen zwischen verschiedenen Einkommen berechnen.

Anknüpfend an das praktische Verhalten der Individuen bei Entscheidungen dieser Art ist die Hypothese aufgestellt worden, daß der Grenznutzen des Einkommens nicht ständig sinke, sondern u. U. in gewissen Bereichen steige[26]. Hierfür spricht z. B. die Tatsache, daß sich viele Individuen an Glücksspielen beteiligen, bei denen die Gewinnchance in

---

[24] Praktische Beispiele hierfür sind vor allem Glücksspiel und Versicherung.
[25] Vgl. *Neumann*, J. v., und *Morgenstern*, O.: The Theory of Games and Economic Behavior, 2. Aufl. 1947, S. 18; *Friedman*, M., und *Savage*, L.: The Utility Analysis of Choices Involving Risk, J. P. E. 1948, S. 279 ff.; dies.: The Expected-Utility Hypothesis and the Measurability of Utility, J. P. E. 1952, S. 463 ff., sowie die bei *Friedman/Savage* genannte Literatur.
Eine empirische Untersuchung hierzu findet sich bei *Mosteller*, F., und *Nogee*, Ph.: An Experimental Measurement of Utility, J. P. E. 1951, S. 371 ff.
[26] Vgl. *Friedman/Savage*, J. P. E. 1948; *Markowitz*, H.: The Utility of Wealth, J. P. E. 1952, S. 151 ff.

*Geld*werten kleiner ist als das Verlustrisiko in Geldwerten, d. h. $r \cdot (K-L) < (1-r) \cdot (L-M)$[27].

Die Hypothese beruht auf der Annahme, daß das Verhalten der Individuen allein an der Maximierung des erwarteten Einkommensnutzens ausgerichtet sei. Es ist jedoch sehr wahrscheinlich, daß die individuellen Entscheidungen gerade in den hier behandelten Fällen durch andere, außerökonomische Faktoren wesentlich mitbestimmt werden. Es wird etwa dem Risiko bzw. der Sicherheit, dem Spiel, u. U. auch der besonderen Art des Spiels ein eigener — positiver oder negativer — Wert beigemessen. Infolgedessen kann der Grenznutzen des Einkommens in der angedeuteten Weise nicht korrekt ermittelt werden. Für die Welfare-Theorie lassen sich auf diesem Wege kaum brauchbare Ergebnisse erzielen[28].

Hinzu kommt, daß die Individuen als Konsumenten gewöhnlich nicht zwischen ungewissen, sondern zwischen ganz bestimmten, sicheren Möglichkeiten zu wählen haben[29]. Eine hierfür generell anwendbare Methode der Nutzenmessung entsprechend dem kardinalen oder gemischten Nutzenkonzept gibt es bisher nicht.

3. Die individuelle Konsumentenrente

Unter bestimmten Bedingungen ist die individuelle Konsumentenrente als monetäres Maß des subjektiven Nutzens, und zwar des Differenznutzens bzw. eines bestimmten Teiles der individuellen Welfare angesehen worden. Die individuelle Konsumentenrente ist der „Mehrwert von Befriedigung", den ein Konsument beim Kaufe eines Gutes gewinnt, d. h. der „Überschuß des Preises, den er höchstens zahlen will, über den, welchen er in Wirklichkeit zahlt"[30]. Sie ist, anders ausgedrückt, die Differenz zwischen der Preissumme, die ein Konsument für eine bestimmte Menge eines Gutes tatsächlich zahlt, und dem Betrag, den er für diese Gütermenge bei vollkommener Preisdifferenzierung zahlen würde[31].

---

[27] Setzt man $K-L = L-M$, so ist $(1-r) > r$. Da (K, M) gegenüber L präferiert wird, ist $U_{L \to K} : (-U_{L \to M}) > (1-r) : r$. Daraus folgt $U_{L \to K} > (-U_{L \to M})$, d. h. der Grenznutzen steigt. Vgl. hierzu auch *Marshall, A.*: Principles of Economics, 8. Aufl., Neudruck 1952, S. 112, Anm.. und S. 693/4.

[28] *Friedman* und *Savage* selbst meinen, daß ihre Ergebnisse „no welfare implication at all" haben (J. P. E. 1952, S. 473); ähnlich auch *Alchian*, A. E. R. 1953, S. 50.

[29] Vgl. *Little*, Crit., S. 31.

[30] *Marshall*, Princ., S. 103; zit. nach der deutschen Ausgabe der 4. Aufl.: Handbuch der Volkswirtschaftslehre, 1905, S. 165; im übrigen beziehen sich die Seitenangaben in den Anmerkungen auf die 8. englische Aufl., Neudruck 1952.

[31] Vgl. *Boulding, K. J.*: The Concept of Economic Surplus, A. E. R. 1944/45, S. 852.

38 Die theoretisch-ökonomischen Grundlagen der Welfare Economics

In der üblichen graphischen Darstellung der individuellen Nachfrage nach einem Gut in Abhängigkeit vom Preis dieses Gutes kommt die individuelle Konsumentenrente zum Ausdruck als Fläche zwischen Nachfragekurve, Preisordinate und einer Parallele zur Mengenordinate, deren Abstand durch den tatsächlichen Preis bestimmt ist[32].

In Zeichnung 2 stellt die Kurve hk..q_6 (vereinfachend als Gerade angenommen) die individuelle Nachfrage nach dem Gut x in Abhängigkeit vom Preis p_x bei gegebenem Einkommen und gegebenen Preisen aller anderen Güter dar. Die individuelle Konsumentenrente beim Preis ol' = 6 erscheint in der Fläche hll'; sie beträgt bei dem angenommenen Maßstab 80 Geldeinheiten. Bei einer Preissenkung von 6 auf 4 würde die individuelle Konsumentenrente um die Fläche lmm'l', also um 70 erhöht, bei einer Preissenkung auf 2 um weitere 90 (mnn'm').

Diese Fläche unter der Nachfragekurve kann aber nur dann als Maß des subjektiven Nutzens in dem charakterisierten Sinne dienen, wenn unabhängig von der Menge des Gutes x (von dem realisierten Punkt der Nachfragekurve) der subjektive Nutzen aller anderen Güter gleichbleibt. Andernfalls wäre der Nutzenüberschuß — die individuelle Konsumentenrente — des Gutes x mit den Änderungen des subjektiven Nutzens anderer Güter aufzurechnen. Es muß daher vorausgesetzt werden, daß das Gut x unabhängig ist (keine Beziehungen zwischen der Menge von x und dem subjektiven Nutzen anderer Güter bestehen) und daß bei Änderungen von p_x sich lediglich die individuelle Nachfrage nach x, nicht aber die nachgefragten Mengen und die Preise anderer Güter und damit der Grenznutzen des Geldes (Einkommens) ändern.

Diese Voraussetzungen entsprechen nicht der Realität. Völlig unabhängige Güter gibt es nicht[33]. Mit der Menge des Gutes x ändern sich auch die subjektiven Nutzen anderer Güter. Außerdem ergibt sich bei Änderungen von p_x und q_x im allgemeinen eine andere Ausgabensumme $p_x q_x$ und damit eine andere Restausgabensumme für sonstige Güter, so daß der Grenznutzen des Einkommens sinkt oder steigt[34]. Durch beide Tatbestände werden wiederum die nachgefragten Mengen sowie u. U. die Preise anderer Güter beeinflußt.

Die Annahme eines (annähernd) konstanten Grenznutzens des Einkommens wäre selbst bei einem unabhängigen Gut bestenfalls dann gerechtfertigt, wenn die Ausgabensumme für x nur einen so kleinen Teil der Gesamtausgaben des Individuums ausmacht, daß die individuelle

---
[32] Vgl. *Marshall*, Princ., S. 106.
[33] Vgl. S. 35.
[34] Eine Ausnahme ist gegeben, wenn die individuelle Preiselastizität der Nachfrage nach x gleich 1 ist. Die Ausgabensumme für x bleibt dann bei Änderungen des Preises unverändert; ist x ein unabhängiges Gut, so ist in diesem Fall auch der gewogene Grenznutzen von x konstant. Vgl. *Samuelson*, Found., S. 193.

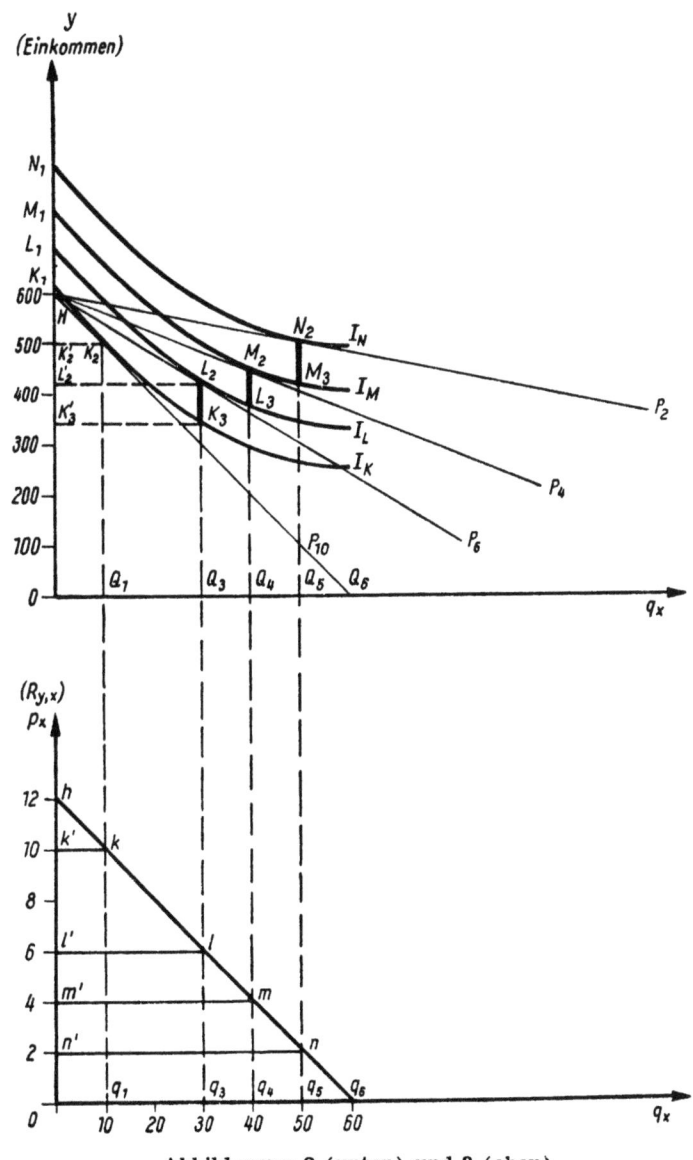

Abbildungen 2 (unten) und 3 (oben)

Nachfrage nach anderen Gütern und die Grenznutzen der anderen Güter sich nicht merklich änderten, falls x weniger oder nicht konsumiert würde[35].

---

[35] Vgl. *Marshall*, Princ., S. 693; *Hicks*, Val. a. Cap., S. 40.

Es wäre gedanklich vorstellbar, daß durch Zusammenfassung aller Konsumentenrenten eines Individuums (einschließlich einer möglichen „Arbeitsrente")[36] ein Geldausdruck für den subjektiven Nutzen — die individuelle Welfare — *insgesamt* gefunden werden könnte. Dabei dürften aber die einzelnen individuellen Konsumentenrenten wegen der Abhängigkeit der Güter nicht einfach addiert werden. Um den Gesamtnutzen richtig zu ermitteln, müßten die durch Komplementär- und Substitutionsverhältnisse bestimmten Wechselbeziehungen zwischen den einzelnen individuellen Konsumentenrenten berücksichtigt werden. Hierfür gibt es jedoch keine theoretisch einwandfreie und praktisch anwendbare Methode[37].

Aus diesen Gründen hat die Konsumentenrente in der nationalökonomischen Theorie nach *Marshall* und in der Welfare-Theorie nur eine unbedeutende Rolle gespielt[38]. Erst Jahrzehnte später ist — vor allem von *Hicks* — versucht worden, die Konsumentenrente zu „rehabilitieren" und sie mit Hilfe der modernen Indifferenzkurventechnik neu zu interpretieren[39].

Der Zusammenhang zwischen der alten und der neuen Darstellungsform ist aus den Zeichnungen 2—5 ersichtlich. Die Zeichnungen 3 und 5 sind (*Hicks*sche) Indifferenzkurvendiagramme, die Zeichnungen 2 und 4 (*Marshall*sche) Nachfragediagramme[40].

Auf den Abszissen dieser Diagramme werden jeweils Mengen des Gutes x gemessen. Auf den Ordinaten wird in Z. 2 und 4 der Preis p_x, in Z. 3 und 5 das Einkommen des Individuums abgetragen. Das Einkommen nimmt dabei die Stelle des Gutes y im Zwei-Güter-Modell ein; es repräsentiert die Gesamtheit aller Güter außer x, die mit ihm gekauft werden können.

Für Z. 3 gelten die Annahmen *Marshalls*: Unabhängigkeit von x und Konstanz des Grenznutzens des Einkommens. Unter diesen Voraussetzungen ist die Grenzrate der Substitution $R_{y,x}$ (= Grenznutzen von x : Grenznutzen von y) für jedes q_x unabhängig von der Höhe des Einkommens y. Bei jedem beliebigen q_x haben daher alle Indifferenzkurven

---

[36] Unter Arbeitsrente wäre analog der Konsumentenrente der Überschuß der Lohnsumme über das in Geld ausgedrückte Arbeitsleid zu verstehen.
[37] Vgl. *Marshall*, Princ., S. 109.
[38] Hinzu kommen weitere Gründe, die auf der überindividuellen Fassung des Konsumentenrentenbegriffs bei *Marshall* (Princ., S. 106 ff. — Fläche unter der *Gesamt*nachfragekurve nach einem Gut, im übrigen wie oben definiert) beruhen. Vgl. hierzu S. 50 ff.
[39] Vgl. *Hicks*, J. R.: The Rehabilitation of Consumer's Surplus, R. E. S. 1940/41, S. 108—116; ders.: Val. a. Cap., S. 38—41 und S. 330/1; ders.: A Revision of Demand Theory, 1956, S. 95 ff., S. 169 ff.; u. v. a. Aufsätze von *Hicks*. In seiner ersten Veröffentlichung hierzu (Consumer's Surplus) verwendet *Hicks* die Indifferenzkurventechnik noch nicht. Auch in seinem jüngsten Werk (Demand Th.) vermeidet er sie wiederum.
[40] Die Darstellung an Hand der Zeichnungen 2 bis 5 folgt weitgehend *Boulding*, A. E. R. 1944/45, S. 851 ff.

($I_K \ldots I_N$) die gleiche Neigung; der senkrechte Abstand zwischen zwei beliebigen Indifferenzkurven ist konstant.

Bei gegebenem Einkommen (OH = 600) und unterschiedlichen Preisen von x (charakterisiert durch die Bilanzgeraden P_{10}, P_6, P_4, P_2)[41] wählt das Individuum verschiedene Kombinationen zwischen x und sonstigen Gütern (Einkommen), die in der Zeichnung durch die Punkte K_2, L_2, M_2, N_2 (Berührungspunkte von I_K und P_{10}, I_L und P_6, I_M und P_4, I_N und P_2) repräsentiert werden.

In der Ausgangssituation sei $p_x = 10$. Das Individuum wählt die Kombination K_2. Es kauft mit dem Betrage HK'_2 (= 100) die Menge OQ_1 (= 10) von x. Sinkt p_x auf 6, so erwirbt es zusätzlich die Menge Q_1Q_3 (= 20). Für OQ_3 (= 30) zahlt es den Betrag HL'_2 (= 180); der Mehraufwand für x gegenüber der Ausgangssituation beträgt also $HL'_2 - HK'_2 = K'_2L'_2 = 80$. Der Betrag, den das Individuum maximal für die zusätzliche Menge Q_1Q_3 aufwenden würde, ist gegeben durch die Geldsumme, deren Verlust den Zuwachs Q_1Q_3 in der Wertung des Individuums gerade ausgleichen würde. Er kommt graphisch zum Ausdruck als Differenz der Ordinatenwerte von K_2 und K_3, also in der Strecke $K'_2K'_3$ (= 160). Die zusätzliche individuelle Konsumentenrente infolge der Preissenkung von 10 auf 6 beträgt somit $K'_2K'_3 - K'_2L'_2 = L'_2K'_3 = L_2K_3 = 80$.

Bei weiteren Preissenkungen von 6 auf 4 und von 4 auf 2 ergibt sich die zusätzliche individuelle Konsumentenrente analog mit M_2L_3 (= 70) und N_2M_3 (= 90).

Aus dem Indifferenzkurvendiagramm Z. 3 läßt sich das Nachfragediagramm Z. 2 ableiten. Die Werte von p_x und q_x in den Optimumsituationen in Z. 3 (K_2, L_2 usw.) geben an, welches q_x das Individuum bei unterschiedlichem p_x nachfragt. Damit ist der Verlauf der Nachfragekurve $hk..q_6$ in Z. 2 bestimmt; den Punkten K_2, L_2, M_2 und N_2 in Z. 3 entsprechen die Punkte k, l, m und n in Z. 2.

$hk..q_6$ stellt hier gleichzeitig die Kurve der Grenzrate der Substitution $R_{y,x}$ dar, die sich mathematisch aus der ersten Ableitung der Funktionen der Indifferenzkurven $I_K \ldots I_N$ nach x ergibt[42]. $R_{y,x}$ ist, wenn y das Einkommen bezeichnet, der Einkommensbetrag, den das Individuum maximal für eine marginale Einheit des Gutes x zu zahlen bereit ist, also der maximale Nachfragepreis für eine Grenzeinheit (Grenzpreis).

Der Betrag, den das Individuum für eine nicht-marginale Gütermenge höchstens aufwenden würde, kann als Summe von Grenzpreisen aufge-

---

[41] Die Indizes bezeichnen den Preis von x bei den angenommenen Maßstäben.
[42] Vgl. Anm. 15. Die Indifferenzkurven in Z. 3 sind als Parabelteile gezeichnet, die durch Parallelverschiebung in senkrechter Richtung ineinander übergeführt werden können. Die erste Ableitung ist daher für alle Indifferenzkurven identisch und ergibt eine Gerade.

faßt werden und kommt graphisch zum Ausdruck als Fläche unter der $R_{y,x}$-Kurve. Die Summe der Grenzpreise für die zusätzliche Menge q_1q_3 z. B. erscheint in Z. 2 als Fläche klq_3q_1 (= Strecke $K'_2K'_3$ in Z. 3). Die zugehörige individuelle Konsumentenrente als Differenz zwischen dieser Größe und dem tatsächlichen Mehraufwand für q_1q_3 bei Senkung des Preises von 10 auf 6 ergibt sich in Z. 2 als Fläche $kll'k'$ (= Strecke L_2K_3 in Z. 3). M_2L_3 und N_2M_3 in Z. 3 (zusätzliche individuelle Konsumentenrente bei Preissenkung von 6 auf 4 und von 4 auf 2) werden in Z. 2 repräsentiert durch die Flächen $lmm'l'$ und $mnn'm'$[43]. Unter diesen Voraussetzungen ist die *Marshall*sche Fläche unter der Nachfragekurve in der Tat ein korrektes Maß für die individuelle Konsumentenrente[44].

In Z. 5 wird die Voraussetzung fallengelassen, daß der Grenznutzen des Geldes konstant und damit $R_{y,x}$ bei gegebenem q_x unabhängig von y ist. Vielmehr wird angenommen, daß der Grenznutzen des Geldes bei gegebenem q_x mit zunehmendem y sinkt und $R_{y,x}$ steigt[45]. Damit ergibt sich in Z. 4 für jede Indifferenzkurve eine besondere Kurve der Grenzrate der Substitution (Z. 5 und Z. 4 stehen in der gleichen Beziehung wie Z. 3 und Z. 2). Den Indifferenzkurven I_K, I_L, I_M entsprechen die Kurven der Grenzrate der Substitution s_k, s_l, s_m in Z. 4[46].

Bei unterschiedlichen Preisen des Gutes x (p_{10}, p_6, p_4) wählt das Individuum wiederum verschiedene Kombinationen von x und y, repräsentiert durch K_2, L_2 und M_2 in Z. 5. Die individuelle Konsumentenrente ist in ähnlicher Weise wie in Z. 3 zu ermitteln.

Bei einer Preissenkung von 10 auf 6 z. B. kommt die zusätzliche individuelle Konsumentenrente in Z. 5 in der Strecke $K'_2K'_4 — K'_2L'_2 = L'_2K'_4 = L_2K_4$ zum Ausdruck.

Die individuelle Nachfragekurve in Z. 4 ergibt sich als Verbindungslinie der Punkte k, l, m, deren Koordinaten durch die p_x- und q_x-Werte

---

[43] Der Konsumentenrente hkk' bei $p_x = 10$ in Z. 2 entspricht HK_1 in Z. 3.

[44] Streng genommen ist allerdings eine Gerade als Nachfragekurve mit der Annahme eines konstanten Grenznutzens des Einkommens unvereinbar. Der für das Gut x aufgewendete Betrag p_xq_x ist für verschiedene Punkte der Geraden unterschiedlich. Damit ist auch der Restbetrag des Einkommens ($y — p_xq_x$) veränderlich, so daß der Grenznutzen des Einkommens nicht konstant sein kann. Konstanter Grenznutzen des Einkommens setzt voraus, daß — bei unabhängigen Gütern — die Nachfrageelastizität gleich 1, die Nachfragekurve eine gleichseitige Hyperbel ist (Gleichung: $p_xq_x = $ const.); vgl. S. 38. Dann ist aber die Fläche unter der Nachfragekurve, die die Konsumentenrente darstellt, unendlich groß.

[45] Dies kommt darin zum Ausdruck, daß der senkrechte Abstand zweier beliebiger Indifferenzkurven mit wachsendem y und sinkendem q_x (zunehmender Substitution von x durch y) zunimmt.

[46] I_K, I_L, I_M sind wiederum als Parabeln gezeichnet, jedoch im Gegensatz zu Z. 3 in waagerechter Richtung parallel gegeneinander verschoben, so daß sich $s_k \ldots s_m$ als parallele Geraden ergeben. I_K in Z. 5 ist identisch mit I_K in Z. 3.

Die Messung der individuellen Welfare

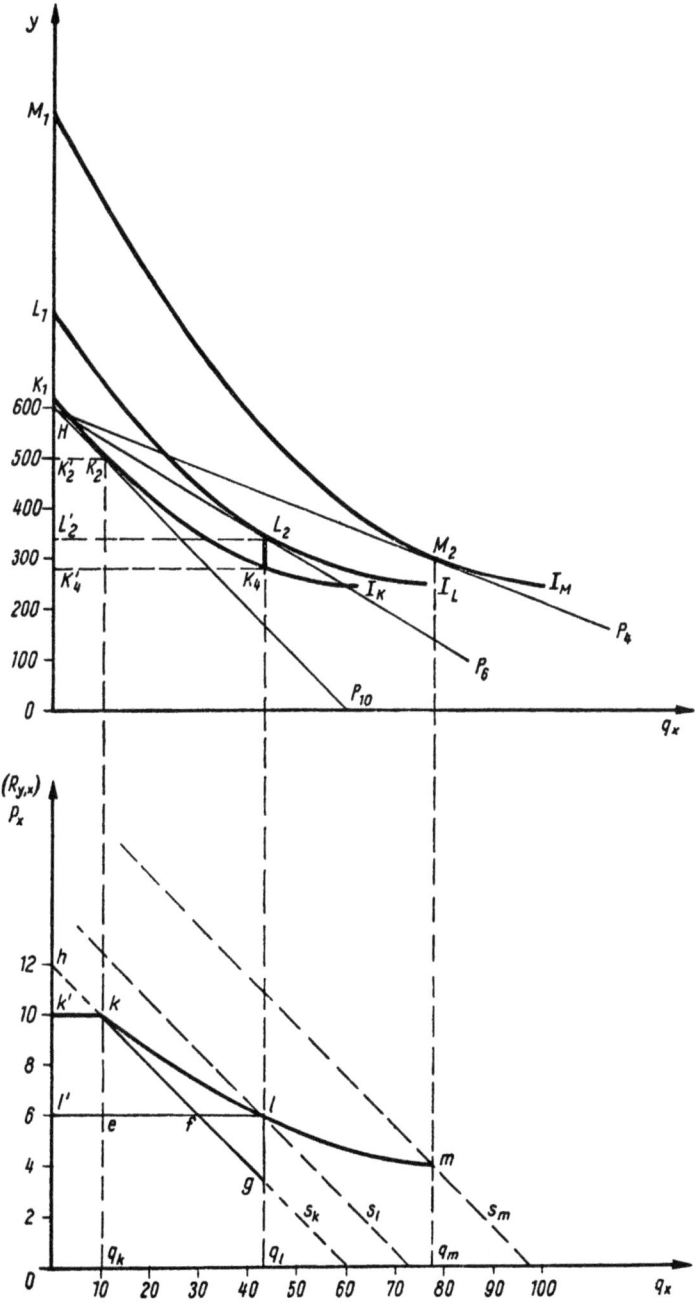

Abbildungen 4 (unten) und 5 (oben)

44 Die theoretisch-ökonomischen Grundlagen der Welfare Economics

der Optimumsituationen K_2, L_2, M_2 in Z. 5 bestimmt sind. Unter den neuen Voraussetzungen ist die individuelle Nachfragekurve keine Gerade und nicht mit einer $R_{y,x}$-Kurve identisch.

Der Geldbetrag, den das Individuum für die auf Grund der Preissenkung von 10 auf 6 zusätzlich erworbene Menge $q_k q_l$ maximal zu zahlen bereit wäre, wird in Z. 4 repräsentiert durch die zugehörige Fläche unter der $R_{y,x}$-Kurve s_k, also durch kg $q_l q_k$ ($= K'_2 K'_4$ in Z. 5)[47]. Der tatsächliche Mehraufwand für $q_k q_l$ ist gegeben durch ol'lq$_l$ — ok'kq$_k$ ($= K'_2 L'_2$ in Z. 5). Die (zusätzliche) individuelle Konsumentenrente als Differenz dieser beiden Größen kommt zum Ausdruck in der Fläche kfl'k' — fgl ($= L'_2 K'_4$ in Z. 5).

Die durch die Preissenkung von 10 auf 6 „gewonnene" *Marshall*sche Fläche unter der Nachfragekurve kll'k' ist wesentlich größer; sie hat in diesem Fall keine Bedeutung.

Unter den Voraussetzungen *Marshalls* ist die individuelle Konsumentenrente eine eindeutig definierte Größe; die Voraussetzungen sind jedoch sehr wirklichkeitsfern. Die Voraussetzungen *Hicks*' sind weniger einschränkend, aber die Konsumentenrente ist nicht mehr eindeutig bestimmt. Wenn der Grenznutzen des Einkommens nicht als konstant angenommen wird, so gibt es eine Reihe unterschiedlicher, wenn auch eng verwandter Geldgrößen, die als Maß für den Gewinn oder Verlust an subjektivem Nutzen infolge einer Preisänderung angesehen werden können[48]. Sie werden an Hand der Zeichnung 6 erläutert. Die Ordinaten haben die gleiche Bedeutung wie in Z. 3 und Z. 5. Die Strecke OF charakterisiert das (gegebene) Einkommen eines Individuums. Die Bilanzgeraden P_K und P_L kennzeichnen unterschiedliche Preise des Gutes x. Die Indifferenzkurven entsprechen der Annahme, daß der Grenznutzen des Geldes abnimmt.

Beim Preise p_K wird die Kombination K (die Gütermenge $q_K = OQ_K$), beim Preise p_L die Kombination L (die Gütermenge $q_L = OQ_L$) gewählt. Die Geraden HK_2, SK_1, GK sind parallel zu P_L, die Geraden JL_2, TL_1, EL parallel zu P_K.

Bei einer Preissenkung von p_K auf p_L könnten folgende Größen als Geldmaß für die daraus resultierende Differenz an subjektivem Nutzen dienen:

(1) der Unterschiedsbetrag zwischen der für den Kauf der Gütermenge q_K beim alten Preis p_K benötigten Geldsumme und dem beim neuen

---

[47] Dem Punkt g in Z. 4 entspricht K_4 in Z. 5.
[48] Vgl. *Hicks*, Demand Th., S. 177. Die Terminologie ist unterschiedlich; *Hicks* hat die Bezeichnungen für die verschiedenen Größen zum Teil gewechselt; *Little* verwendet wiederum andere Termini (Crit., S. 164 ff.). Die hier angeführten englischen Bezeichnungen entsprechen den in *Hicks*' Demand Th. gebrauchten. Die graphische Darstellung ist *Machlups* Besprechungsaufsatz über *Hicks*' Demand Th. entnommen (A. E. R. 1957, S. 123).

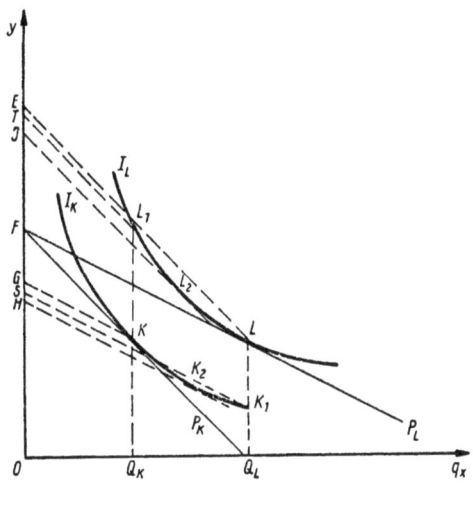

Abbildung 6

Preis p_L benötigten Betrag $p_K q_K - p_L q_K$ (cost difference, FG in Z. 6).

(2) der (negative) Geldbetrag, der das Individuum beim Konsum von q_L zum Preise p_L in die schlechtere (alte) Versorgungslage (Indifferenzkurve I_K) zurückversetzen würde. Er entspricht der Differenz zwischen dem Betrag, den das Individuum in der neuen Situation für q_L tatsächlich zahlt ($p_L q_L$), und demjenigen, den es (ausgehend von K) maximal für q_L zu zahlen bereit wäre, d. h. der eigentlichen (zusätzlichen) Konsumentenrente (compensating consumer's surplus, FS in Z. 6).

(3) der (positive) Geldbetrag, durch den das Individuum bei unverändertem q_K und p_K in die bessere (neue) Versorgungslage (Indifferenzkurve I_L) versetzt würde (equivalent consumer's surplus, FT).

(4) die Einkommensminderung, die die Preissenkung kompensieren würde, d. h. der Geldbetrag, um den OF reduziert werden müßte, damit das Individuum beim neuen Preis p_L in der alten Versorgungslage (Indifferenzkurve I_K) bliebe (compensating income variation, FH).

(5) die Einkommenserhöhung, die der Preissenkung gleichwertig wäre, d. h. der Geldbetrag, durch den das Individuum bei unverändertem Preise p_k (aber — im Gegensatz zu (3) — bei freier Anpassung der Menge q) in die bessere Versorgungslage (Indifferenzkurve I_L) gelangen würde (equivalent income variation, FJ).

Bei einer Preiserhöhung von p_L auf p_K ließen sich analoge Größen unterscheiden:

(1) cost difference $p_L q_L - p_K q_L$ (FE in Z. 6).

(2) compensating consumer's surplus FT (= equivalent consumer's surplus bei Preissenkung von p_K auf p_L).

(3) equivalent consumer's surplus FS (= compensating consumer's surplus bei Preissenkung).

(4) compensating income variation FJ (= equivalent income variation bei Preissenkung).

(5) equivalent income variation FH (= compensating income variation bei Preissenkung).

Insgesamt ergeben sich also sechs verschiedene Größen (FG, FE; FS, FT; FH, FJ).

Wenn, wie in Z. 6, sinkender Grenznutzen des Einkommens angenommen wird, so ist FE > FT > FJ > FH > FS > FG.

Bei konstantem Grenznutzen des Einkommens (konstantem senkrechtem Abstand der Indifferenzkurven) — wie in Z. 3 angenommen — fallen alle sechs Größen in der *Marshall*schen individuellen Konsumentenrente zusammen. Bei steigendem Grenznutzen wäre die Reihenfolge der sechs Größen umgekehrt wie im ersten Fall.

In der *Hicks*schen Fassung ist das Instrument der individuellen Konsumentenrente theoretisch auch dann anwendbar, wenn die realitätsferne Annahme fallengelassen wird, daß der Grenznutzen des Einkommens konstant ist. Soll die individuelle Konsumentenrente (oder eine der verwandten Größen) als Maß für den subjektiven (Teil-)Nutzen dienen, so muß aber auch bei der Indifferenzkurvendarstellung der Konsumentenrente vorausgesetzt werden, daß durch Änderungen des Preises des betreffenden Gutes nicht auch die Preise anderer Güter und/oder das Einkommen des Individuums beeinflußt werden; andernfalls würde sich das Indifferenzkurvensystem verändern.

Die Konsumentenrente ist ein typisches Instrument der *Marshall*schen Partialanalyse. Welfare-Wirkungen infolge von induzierten Änderungen der Preise anderer Güter, die sich insbesondere bei Komplementär- und Substitutionsgütern ergeben, können mit ihrer Hilfe grundsätzlich nicht erfaßt werden[49].

Die Konsumentenrente hat daher auch in der *Hicks*schen Fassung nur wenig Anerkennung in der Nationalökonomie gefunden. *Samuelson*

---

[49] In besonders einfachen Fällen lassen sich bestimmte Aussagen über die induzierten Änderungen der individuellen Konsumentenrenten anderer Güter treffen; generell ist dies jedoch nicht möglich. Vgl. *Hicks*, Demand Th., S. 169 ff.; *Little*, Crit., S. 169 ff.

bezeichnet sie als überflüssig[50], *Little* als „völlig nutzloses theoretisches Spielzeug"[51].

4. Das Einkommen als Ausdruck der individuellen Welfare?

Es liegt nahe, das Einkommen eines Individuums[52] zwar nicht als kardinales, aber doch gewissermaßen als ordinales Maß der individuellen Welfare anzusehen, in dem Sinne, daß von steigendem (sinkendem) Einkommen auf steigende (sinkende) Welfare eines Individuums geschlossen wird. Diese Folgerung ist jedoch nur unter sehr weitreichenden Bedingungen korrekt.

Ein Vergleich der individuellen Welfare in zwei Situationen bzw. Perioden ist überhaupt nur möglich, wenn die Bedürfnisskala des Individuums konstant bleibt. Es ist aber denkbar, daß gerade durch ein Steigen des Einkommens die Bedürfnisskala verändert wird, daß „die Bedürfnisse mit dem Einkommen wachsen"[53]. Weiter müssen in beiden Situationen (Perioden) die gleichen Güter erhältlich sein, da das Hinzukommen eines neuen Gutes, streng genommen, mit einer gegebenen Bedürfnisstruktur nicht vereinbar ist[54].

Die individuelle Welfare gilt als abhängig vom Konsum und von der Arbeitsleistung des Individuums. Der Schluß von steigendem (sinkendem) Einkommen auf steigende (sinkende) individuelle Welfare beruht auf der Annahme, daß höherem (geringerem) Einkommen auch ein (mengenmäßig) höherer (geringerer) Konsum entspreche. Die Einkommensänderung kann aber auf einer Änderung der Arbeitsleistung beruhen, die die individuelle Welfare in entgegengesetzter Richtung beeinflußt. Es muß daher vorausgesetzt werden, daß das gestiegene (gesunkene) Einkommen nicht auf gestiegener (gesunkener) Arbeitsleistung beruht.

Der mengenmäßige Konsum eines Individuums steht wiederum nicht in eindeutiger Beziehung zum (nominellen) Einkommen, sondern hängt auch ab von den Preisen der Güter und vom (positiven oder negativen) Sparen des Individuums.

Unter der Annahme, daß das Einkommen stets gleich der Ausgabensumme für Konsumgüter ist, daß also nicht gespart wird und das Vermögen keine Rolle spielt, läßt sich über die Welfare-Wirkungen von

---

[50] Found., S. 195.
[51] Crit., S. 175.
[52] Exakt: das verfügbare persönliche Einkommen in Geldeinheiten.
[53] Vgl. *Runge*, H.: Die Bedeutung der Einkommensschichtung für den Wert des Volkseinkommens, 1952, S. 35 ff.; *Little*, Crit., S. 43.
[54] Vgl. *Little*, Crit., S. 166, Anm.

Änderungen der Ausgabensumme (= Einkommen) und/oder der Preise cet. par. folgendes sagen[55]:

Die individuelle Welfare U ist in der Situation (Periode) K höher als in der Situation (Periode) L, wenn in K die gleiche Güterkombination wie in L gekauft werden könnte, aber eine andere Güterkombination vorgezogen wird.

Die individuelle Welfare ist in K niedriger als in L, wenn in L die in K realisierte Güterkombination gekauft werden könnte, aber eine andere Güterkombination vorgezogen wird.

Können in keiner der beiden Situationen mit der jeweiligen Ausgabensumme und zu den jeweiligen Preisen die in der anderen Situation erworbenen Gütermengen gekauft werden, so ist eine Aussage über die Welfare-Wirkung auf diese Weise nicht möglich[56]:

$U_K > U_L$, wenn $P_K Q_K \geqq P_K Q_L$ (impliziert, daß $P_L Q_L < P_L Q_K$)[57]

$U_K < U_L$, wenn $P_L Q_L \geqq P_L Q_K$ (impliziert, daß $P_K Q_K < P_K Q_L$)[57]

$U_K \gtrless U_L$, wenn $P_K Q_K < P_K Q_L$ und $P_L Q_L < P_L Q_K$.

Es ist offensichtlich, daß jede dieser Möglichkeiten sowohl bei gestiegenem als auch bei gesunkenem oder gleichgebliebenem Nominaleinkommen gegeben sein kann. Das Nominaleinkommen ist also ein sehr fragwürdiger Maßstab zur Beurteilung der individuellen Welfare, sofern die Preise der Konsumgüter nicht konstant sind.

Die Beziehung zwischen Nominaleinkommen und Welfare eines Individuums wird noch lockerer, wenn die Annahme fallengelassen wird, daß das Einkommen stets gleich der Ausgabensumme ist und das Vermögen für die individuelle Welfare keine Bedeutung hat. Es kann unterstellt werden, daß das Vermögen und das (positive und negative) Sparen grundsätzlich späterem oder früherem Konsum dient, also später oder früher welfare-wirksam ist. Durch Preisänderungen wird der Realwert des Vermögens und der Ersparnisse und damit die aus ihnen resultierende (realisierte oder erwartete) individuelle Welfare sowie u. U. das Sparvolumen beeinflußt. Höheres Nominaleinkommen bedeutet dann höhere individuelle Welfare nur, wenn der subjektive Wert der Aus-

---

[55] Vgl. hierzu *Little*, Crit., S. 33—37, S. 41/42; *Haberler*, G.: Der Sinn der Indexzahlen, 1927, S. 83—88.

[56] In diesem Fall ist eine Wertung u. U. möglich auf dem Umwege über eine dritte Situation M, so daß $P_K Q_K \geqq P_K Q_M$ und $P_M Q_M \geqq P_M Q_L$ (bzw. $P_L Q_L \geqq P_L Q_M$ und $P_M Q_M \geqq P_M Q_K$), wobei $P_K Q_K = \sum_{x=1}^{n} p_{x,K} \cdot q_{x,K}$; $P_K Q_M = \sum_{x=1}^{n} p_{x,K} \cdot q_{x,M}$ usw.

[57] Andernfalls wären die individuellen Wertungen nicht transitiv.

gabensumme in der Situation mit höherem Nominaleinkommen (z. B. in K) höher ist als in der anderen[58] und die erwarteten subjektiven Werte der künftigen Ausgabensummen in K nicht niedriger sind als in L[59].

B. Die Messung der gesellschaftlichen Welfare

1. Die Konzeption der älteren Welfare Economics

In den älteren Welfare Economics wurde das Problem der Messung der gesellschaftlichen Welfare im Prinzip relativ einfach gelöst. Die subjektiven Nutzen (Bedürfnisbefriedigungen) galten als meßbar, interindividuelle Welfare-Vergleiche als möglich; die gesellschaftliche Welfare wurde als Summe der subjektiven Nutzen der Individuen (sum total of satisfactions) angesehen.

a) Distributive Optimumbedingungen

Mit geeigneten Methoden wäre es demnach grundsätzlich möglich, in jeder beliebigen Situation die gesellschaftliche Welfare zu messen und so eine eindeutige und vollständige Wertskala zu gewinnen. Da geeignete Meßmethoden aber nicht gefunden wurden[60], war man auf bestimmte Annahmen angewiesen. Im allgemeinen wurde angenommen, daß der Grenznutzen des Einkommens sinkt und daß alle Individuen gleiche „Bedürfnisbefriedigungsfähigkeit" haben.

Daraus lassen sich eindeutige distributive Bedingungen für ein Welfare-Optimum ableiten[61]. Aus der ersten Annahme (sinkender Grenznutzen) folgt — analog dem 2. Gossenschen Gesetz für das individuelle Welfare-Optimum —, daß im Optimum das Volkseinkommen so auf die Individuen verteilt sein muß, daß die marginale Geld-(Einkommens-)Einheit jedem Individuum die gleiche Bedürfnisbefriedigung gibt. M. a. W.: Der Grenznutzen des Einkommens aller Individuen muß gleich sein.

Dies ist der Fall, so könnte aus der zweiten Annahme (gleiche Bedürfnisbefriedigungsfähigkeit) gefolgert werden, wenn alle Individuen gleiche Einkommen haben. Diese Folgerung wäre jedoch nur haltbar bei gegebenen, festen Preisrelationen. Bei veränderlichen Preisverhältnissen ist sie dagegen leicht ad absurdum zu führen, sofern nicht unterstellt wird, daß alle Individuen völlig gleiche Bedürfnisse haben.

Ändern sich bei gleichen Nominaleinkommen die Preisrelationen, etwa in der Weise, daß Fleischwaren relativ billiger und pflanzliche Nahrungs-

---
[58] d. h. $P_K Q_K \geq P_K Q_L$ und nicht $q_{x, K} = q_{x, L}$ für alle x.
[59] Vgl. *Hicks*, Val. a. Cap., S. 174 ff.; *Little*, Crit., S. 46.
[60] Vgl. Abschn. III A 2.
[61] Die sogenannten „optimum conditions of exchange and production", die neben den distributiven Bedingungen im Optimum erfüllt sein müssen, werden im folgenden Abschnitt gesondert dargestellt, da sie auch und insbesondere in den neueren Welfare Economics eine wesentliche Rolle spielen.

mittel relativ teurer werden, so wird dadurch die individuelle Welfare einer Gruppe von Individuen (in diesem Falle der Fleischliebhaber) erhöht, die individuelle Welfare anderer Individuen (der Vegetarier) vermindert. Offenbar kann der Grenznutzen des Einkommens nicht sowohl vor als auch nach der Änderung der Preisrelationen für alle Individuen gleich sein. Bei gleichen Nominaleinkommen haben sich durch die Preisänderung die subjektiven Werte der Einkommen verändert.

Auf Grund der Annahmen, daß der Grenznutzen des Einkommens sinkt und gleiches Einkommen allen Individuen gleiche individuelle Welfare gewährt, können Welfare-Urteile über gemischte Änderungen nur in bestimmten Fällen getroffen werden. Sie sind möglich, wenn bei gegebenem realem Volkseinkommen (Sozialprodukt) die Verteilung in der Weise geändert wird, daß eindeutig die hohen Einkommen vermindert und die niedrigen Einkommen erhöht werden. Dagegen sind Entscheidungen wie die zwischen den Situationen K und M in Tabelle 2[62] (Verteilung 20 — 30 — 70 bzw. 10 — 50 — 60) oder zwischen K_1 und L_3 in Tabelle 3[63] (unterschiedliche Verteilung bei unterschiedlichem Sozialprodukt: 20 — 55 — 60 bzw. 35 — 35 — 35) nicht möglich. Hierzu wären bestimmte Annahmen über das Ausmaß der subjektiven Nutzenänderungen notwendig. Soweit Annahmen über den Grad der Abnahme des Grenznutzens überhaupt getroffen worden sind — im allgemeinen werden sie nicht für sinnvoll gehalten — gehen sie weit auseinander[64], so daß man zu sehr unterschiedlichen Welfare-Urteilen über verschiedene Situationen gelangt.

b) Die Konsumentenrente[65]

Die Konsumentenrente ist auch als monetäres Maß für *gesellschaftliche* Teil- und Differenznutzen angesehen worden. Die gesellschaftliche Konsumentenrente, die die Konsumenten insgesamt beim Kaufe eines bestimmten Gutes „gewinnen", ist die Summe der Konsumentenrenten aller Individuen[66]. Sie ergibt sich graphisch analog der Rente eines Konsumenten[67] als Fläche zwischen der Kurve der gesamten Nachfrage[68] nach einem Gut, der Ordinate und einer Parallele zur Abszisse in Höhe des tatsächlichen Preises (Fläche EFG in Z. 7)[69].

Die gesellschaftliche Konsumentenrente unterliegt als theoretisches Instrument den gleichen Voraussetzungen und den gleichen Einwänden wie die individuelle Konsumentenrente.

---

[62] Vgl. S. 23.
[63] Vgl. S. 25.
[64] Vgl. hierzu z. B. *Winkler*, S. 15—19 und S. 50 ff.
[65] Vgl. hierzu Abschn. III A 3.
[66] Stets auf ein bestimmtes Gut bezogen.
[67] Vgl. Z. 2, S. 39.
[68] Die Gesamtnachfragekurve ergibt sich aus der (waagerechten) Addition der individuellen Nachfragekurven.
[69] FG ... Nachfragekurve, HG ... Angebotskurve.

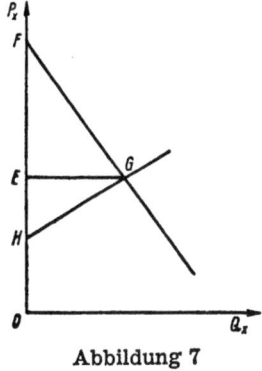

Abbildung 7

Hinzu kommt, daß die Addition der individuellen Konsumentenrenten eine ganz bestimmte interindividuelle Wertung impliziert. Die Konsumentenrenten aller Individuen, die das betreffende Gut konsumieren, werden als gleichrangig angesehen. Die Beträge, die z. B. Bezieher sehr hoher und sehr niedriger Einkommen für die von ihnen jeweils verbrauchten Mengen des Gutes über die von ihnen tatsächlich bezahlten Preissummen hinaus zu zahlen bereit wären, werden ohne Rücksicht auf die Grenznutzen der Einkommen ungewichtet addiert.

Marshall rechtfertigt dies mit der Annahme, daß alle Konsumenten dieses Gutes zur gleichen sozialen Klasse gehören bzw. alle Gesellschaftsklassen von ökonomischen Änderungen in etwa gleichem Verhältnis betroffen werden[70]. Er hält es auch für möglich, die gesellschaftlichen Konsumentenrenten von *verschiedenen* Gütern (bzw. die Änderungen dieser Größen infolge von Preisänderungen) zu vergleichen. Eine Änderung des Preises des Gutes X (z. B. infolge einer Subvention oder einer Verbrauchsteuer) sei einer alternativen Änderung des Preises des Gutes Y vorzuziehen, wenn durch die Änderung von P_X die gesellschaftliche Konsumentenrente des Gutes X stärker steigt (bzw. weniger sinkt) als die Konsumentenrente des Gutes Y bei der Änderung von P_Y[71].

Marshalls Annahme, daß im allgemeinen alle Bevölkerungsschichten durch derartige Änderungen in ungefähr gleichem Verhältnis betroffen werden, ist nicht haltbar. Manche Güter werden nur von bestimmten Bevölkerungsschichten, sehr viele von verschiedenen Gesellschaftsklassen in sehr unterschiedlichem Maße konsumiert.

Die Addition von ungewichteten Konsumentenrenten verschiedener Individuen mit unterschiedlichen Einkommen und der Vergleich von

---

[70] Princ., S. 108.
[71] Princ., S. 387 ff.

Konsumentenrenten verschiedener Güter nach der Methode *Marshalls* sind daher auch unter distributiven Gesichtspunkten[72] nicht vertretbar.

Gegen die Konsumentenrente als Nutzenmaß wird weiter eingewendet, daß sie nur einen Teil des in Geld gemessenen Nutzenüberschusses darstellt, nämlich den, der auf die Konsumenten entfällt. Analog der Konsumentenrente gebe es auch eine „Produzentenrente", die graphisch als Fläche zwischen Angebotskurve, Ordinate und einer Parallele zur Abszisse in Höhe des tatsächlichen Preises zum Ausdruck kommt (EGH in Z. 7). Für Welfare-Urteile müsse der gesamte „Nutzenüberschuß"[73], die Summe von Konsumenten- und Produzentenrente (FGH in Z. 7), beachtet werden.

Diese Konzeption ist den gleichen Einwänden ausgesetzt wie die einfache Konsumentenrententheorie.

2. Das paretianische Optimum
(optimum conditions of exchange and production)

Nach dem individualistischen Prinzip wird durch eine Änderung der ökonomischen Situation die gesellschaftliche Welfare gesteigert, wenn mindestens ein Individuum besser-, aber keines schlechtergestellt wird. Ist in einer bestimmten Situation eine derartige positive Änderung nicht mehr möglich, so kann diese Situation als optimal bezeichnet werden[74].

a) Die Grenzbedingungen im 2-Personen-2-Faktoren-2-Güter-Modell

Die ökonomischen Bedingungen für ein derartiges Optimum lassen sich an einem einfachen Modell darstellen[75].

(1) optimum conditions of exchange

Es wird angenommen, daß es lediglich zwei Personen, A und B, gibt, in deren Wertskalen nur zwei Güter, X und Y, eingehen. Die Gütermengen und die Präferenzskalen der Individuen seien gegeben.

In einem Diagramm, auf dessen Ordinaten Mengen von X und Y gemessen werden, wird A's Indifferenzkurvensystem ($I_1 \ldots I_n$) dargestellt; ein entsprechendes Diagramm wird für B (Indifferenzkurven

---

[72] Insbesondere auch unter der Annahme der älteren Welfare Economics, daß gleiche Einkommen für alle Individuen gleiche subjektive Nutzen haben und der Grenznutzen des Einkommens sinkt.
[73] „Surplus Utility"; vgl. *Bye*, S. 149 ff.; vgl. auch *Boulding*, A. E. R. 1944/45, S. 851 ff.
[74] Diese Definition eines Optimums geht zurück auf *Pareto* (Manuel d'économie politique, 1909, Kap. VI); es wird daher häufig von einem „paretianischen Optimum" gesprochen.
[75] Die Darstellung entspricht weitgehend der bei *Bator*, F. M.: The Simple Analytics of Welfare Maximization, A. E. R. 1957, S. 22 ff. Vgl. auch *Scitovsky*, T.: Welfare and Competition, 1952, S. 51 ff. u. a.

$J_1 \ldots J_m$) gezeichnet, jedoch gegenüber dem ersteren um 180° gedreht. B's Konsum von X wird also von rechts nach links, B's Konsum von Y von oben nach unten gemessen. Die beiden Diagramme werden dann in der Weise zu einem Rechteckdiagramm (Z. 8) zusammengesetzt, daß die Längen der Rechteckseiten den gegebenen Mengen der Güter X und Y entsprechen (in Z. 8 $O_A C$ und $O_A D$ bzw. $O_B D$ und $O_B C$).

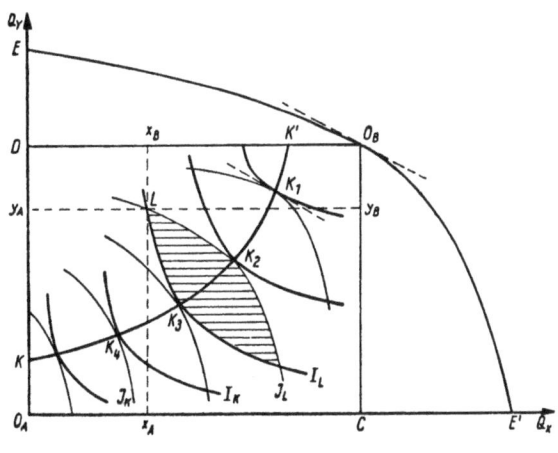

Abbildung 8

Jeder Punkt innerhalb des Rechtecks repräsentiert eine bestimmte Verteilung von X und Y zwischen A und B. So entfallen z. B. im Punkt L die Mengen $O_A X_A$ von X und $O_A Y_A$ von Y auf A, die Mengen $O_B X_B$ von X und $O_B Y_B$ von Y auf B. L liege auf den Indifferenzkurven I_L von A und J_L von B. A wäre in einer besseren Situation rechts oberhalb von I_L, B links unterhalb von J_L. Jeder Punkt innerhalb der schraffierten Fläche zwischen den Kurven I_L und J_L ist für beide Individuen besser als L.

Allgemein sind von allen Punkten aus, in denen sich Indifferenzkurven von A und B schneiden, Änderungen möglich, durch die beide Individuen bessergestellt werden. In den Punkten, in denen sich Indifferenzkurven von A und B berühren, ist eine Verbesserung für ein Individuum nur noch auf Kosten des anderen möglich, also ein paretianisches Optimum erreicht. In diesen Punkten ist die Neigung der beiden Kurven und damit $R_{x,y}$ für A und B gleich.

Positive Änderungen sind möglich, solange die Grenzrate der Substitution zwischen X und Y für beide Individuen unterschiedlich ist. Bedingung für ein Optimum ist unter den gegebenen Voraussetzungen, daß die Grenzrate der Substitution für beide Individuen gleich ist.

54 Die theoretisch-ökonomischen Grundlagen der Welfare Economics

Wie aus Z. 8 zu ersehen ist, gibt es eine große Zahl möglicher Optima, die durch die sogenannte Kontraktkurve KK' verbunden werden können. Alle Optimumsituationen können sich — bei unterschiedlichen nichtoptimalen Ausgangssituationen — als Resultate des freien Tauschs ergeben; sie werden daher als Tauschoptima, die genannte Optimumbedingung als optimum condition of exchange bezeichnet.

(2) optimum conditions of production

Wird die Voraussetzung gegebener Gütermengen fallengelassen und statt dessen angenommen, daß die Güter unter Aufwand von Arbeitsleistungen produziert werden, so können sich positive Änderungen auch dadurch ergeben, daß eine bestimmte Gütermenge mit geringerem Arbeitsaufwand oder eine größere Gütermenge mit gegebenem Arbeitsaufwand produziert wird[76]. Anders ausgedrückt: Die Welfare kann steigen, wenn bei gegebenem Input an Produktionsfaktoren der Output an Produkten steigt oder bei gegebenem Output der Input an Faktoren sinkt[77].

Die produktionellen Optimumbedingungen lassen sich ebenfalls an einem Rechteckdiagramm (Z. 9) erläutern, das ähnlich dem der Zeichnung 8 konstruiert ist.

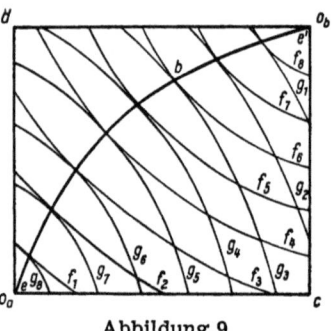

Abbildung 9

Es wird angenommen, daß lediglich zwei Güter, X und Y, mit Hilfe von zwei unbegrenzt teilbaren Faktoren produziert werden. Die Längen der Rechteckseiten charakterisieren die Mengen der Faktoren, die als gegeben vorausgesetzt werden ($o_a c = o_b d$ und $o_a d = o_b c$). Von o_a aus

---

[76] Eine derartige Änderung ist nicht unbedingt positiv, da nichts über die Verteilung der Güter und Arbeitsleistungen gesagt ist.

[77] Vgl. *Samuelson*, Found., S. 230. In diesem Zusammenhang wird gewöhnlich allgemein von Produktionsfaktoren gesprochen. Da nach den üblichen Annahmen von den Faktoren nur die Arbeitsleistungen welfare-wirksam sind, gilt die letztere Bedingung an sich nicht bei Minderung des Inputs an sonstigen Faktoren. Jedoch kann mit den freiwerdenden Faktormengen die Produktion anderer Güter gesteigert und auf diese Weise die Welfare erhöht werden.

werden die für die Produktion von X, von o_b aus die für die Produktion von Y eingesetzten Faktormengen gemessen.

Ferner werden gegebene technische Produktionsmöglichkeiten angenommen, die wie folgt gekennzeichnet sind:

(1) Jede Produktmenge kann mit verschiedenen Faktorkombinationen produziert werden.

(2) Wird cet. par. (bei gegebener Produktmenge) der eine Faktor in zunehmendem Maße durch den anderen ersetzt, so nimmt die Grenzrate der Transformation[78], d. h. die Menge des letzteren Faktors, die notwendig ist, um eine marginale Einheit des ersteren freizusetzen, stets ab.

(3) Bei proportionaler Steigerung (oder Verringerung) der Menge der eingesetzten Faktoren nimmt auch der Output eines Produktes stets im gleichen Verhältnis zu (bzw. ab)[79].

Diesen Bedingungen entsprechen in Z. 9 die Isoquanten $f_1 \ldots f_{n'}$ für X und $g_1 \ldots g_{m'}$ für Y. Eine Isoquante ist hier der geometrische Ort aller Faktorkombinationen, mit denen eine bestimmte Menge eines Produktes hergestellt werden kann. Höhere Indizes kennzeichnen höheren Output. Die Grenzrate der Transformation zwischen den Faktoren kommt wiederum in der jeweiligen Neigung der Isoquanten zum Ausdruck. Von allen Punkten aus, in denen sich Isoquanten schneiden, sind — analog zu Z. 8 — positive Änderungen möglich, und zwar in der Weise, daß durch die Wahl anderer Faktorkombinationen der Output beider Güter bzw. bei gegebenem Output eines Gutes der Output des anderen Gutes erhöht wird. In den Punkten, in denen sich Isoquanten berühren, d. h. die Grenzrate der Transformation der beiden Faktoren bei der Produktion beider Güter gleich ist, ist eine positive Änderung nicht mehr möglich und damit ein produktionelles Optimum erreicht.

Unter den hier gemachten Annahmen ist somit die Bedingung für ein produktionelles Optimum, daß die Grenzrate der Transformation der

---

[78] Häufig auch als Grenzrate der Substitution bezeichnet, z. B. bei *Schneider*, Bd. II, S. 177. Der Ausdruck Substitution soll hier subjektiven Substitutionsvorgängen vorbehalten werden, während bei entsprechenden produktionstechnischen Vorgängen der Ausdruck Transformation verwendet wird. Generell ist die Grenzrate der Transformation von X in Y die Menge des Gutes (Produktes oder Faktors) X, auf die (oder deren Produktion) verzichtet werden muß, um die Menge des Gutes Y um eine marginale Einheit zu erhöhen.

[79] D. h. es gibt keine „economics and diseconomics of scale".

beiden Faktoren in beiden Verwendungsarten gleich ist[80] (optimum condition of production). Es gibt wiederum eine Mehrzahl möglicher Optima, die in Z. 9 durch die Kurve ee' ($= o_a o_b$) dargestellt werden.

Die Kurve ee' kann in Z. 8 übertragen werden. Die Produktkombinationen (Outputs Q_X und Q_Y), die den verschiedenen Punkten dieser Kurve entsprechen, werden ermittelt und ergeben in Z. 8 die Produktionsoptimakurve EE'[81]. Die Neigung der Kurve EE' entspricht der jeweiligen Grenzrate der Transformation von X in Y.

Der Punkt b in Z. 9 repräsentiere die Mengen von X und Y, die in Z. 8 in den Strecken $O_A C$ und $O_A D$ zum Ausdruck kommen; b in Z. 9 entspricht somit O_B in Z. 8. Bei den hiermit bestimmten Mengen von X und Y und den gegebenen Indifferenzkurvensystemen von A und B ergibt sich die Kontraktkurve KK' als geometrischer Ort aller Tauschoptima. Jedem Punkt der Kurve EE' entspricht ein besonderes Rechteckdiagramm (Indifferenzkurvendiagramm) und eine besondere Kontraktkurve.

(3) Kombination der optimum conditions of exchange and production

In Z. 10 wird die Produktionsoptimakurve EE' aus Z. 8 übernommen und unterstellt, daß die durch den Punkt P_1 repräsentierte Kombination von X und Y produziert wird (P_1 entspricht O_B in Z. 8). Weiter wird angenommen, daß die durch den Punkt K_4 in Z. 8 charakterisierte Verteilung der Güter auf A und B gegeben ist, so daß sowohl die optimum conditions of production als auch die optimum conditions of exchange erfüllt sind.

In Z. 10 wird nun das Indifferenzkurvensystem des Individuums A übertragen. Der Koordinatenursprung O_A des Indifferenzkurvendiagramms wird dabei so gewählt, daß der Punkt P_1 in bezug auf O_A die Mengen von X und Y bezeichnet, die entsprechend der angenommenen Verteilung (gemäß K_4 in Z. 8) auf A entfallen. Die Indifferenzkurve I_1 in Z. 10 entspricht somit der Indifferenzkurve I_K in Z. 8.

In P_1 schneidet die Indifferenzkurve I_1 die Produktionsoptimakurve EE'; die Grenzrate der Substitution und die Grenzrate der Transformation der Güter X und Y differieren. Die individuelle Welfare des A läßt

---

[80] Anders ausgedrückt: Das Verhältnis der Grenzerträge (Grenzproduktivitäten) zweier Faktoren muß in jeder Verwendung gleich sein (vgl. *Samuelson*, Found., S. 233);

d. h. $\dfrac{dQ_X}{dQ_V} : \dfrac{dQ_X}{dQ_{V'}} = \dfrac{dQ_Y}{dQ_V} : \dfrac{dQ_Y}{dQ_{V'}}$, wobei $\dfrac{dQ_X}{dQ_V}$ und $\dfrac{dQ_X}{dQ_{V'}}$

die Grenzerträge der Faktoren V bzw. V' bei der Produktion des Gutes X bezeichnen (analog für Y). Grenzrate der Transformation eines Faktors in ein Produkt und Grenzertrag des Faktors sind reziproke Werte.

[81] Q_X und Q_Y werden in Z. 8 von O_A aus gemessen.

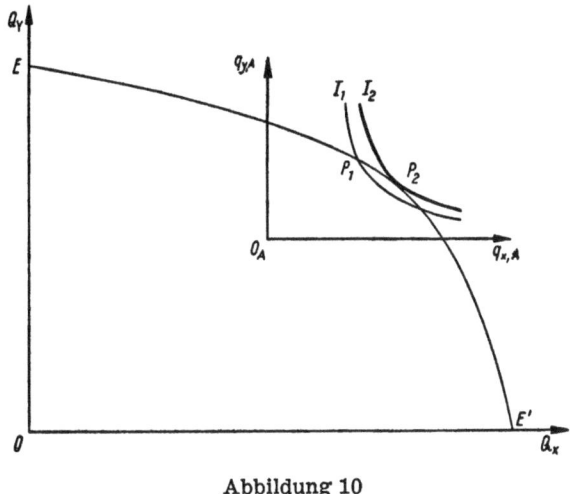

Abbildung 10

sich unter diesen Umständen cet. par. durch Transformation von X in Y (vermehrte Produktion von Y auf Kosten der Produktion von X) steigern, und zwar so lange, bis die individuelle Grenzrate der Substitution und die produktionelle Grenzrate der Transformation von X und Y einander gleich sind (graphisch durch eine Bewegung von P_1 nach P_2 ausgedrückt)[82].

Positive Änderungen sind also auch möglich, wenn die optimum conditions of production einerseits und die optimum conditions of exchange andererseits erfüllt sind, sofern die Grenzrate der Substitution und die Grenzrate der Transformation der beiden Güter auseinanderfallen. Ein optimum of exchange and production bedingt zusätzlich, daß die Grenzrate der Substitution und die Grenzrate der Transformation beider Güter einander gleich sind.

Diese kombinierte Optimumbedingung ist in Z. 8 nur im Punkte K_1 erfüllt (die Indifferenzkurven von A und B haben in K_1 die gleiche Neigung wie die Produktionsoptimakurve EE' in O_B); K_1 stellt also ein optimum of production and exchange dar. Ein kombiniertes Optimum kann u. U. in mehreren Punkten einer Kontraktkurve (bei verschiedenen tausch-optimalen Verteilungen einer bestimmten Güterkombination) gegeben sein, andererseits aber bei gewissen Güterkombinationen (für bestimmte Punkte der Kurve EE') überhaupt nicht realisierbar sein.

---

[82] Dabei wird vorausgesetzt, daß die optimum conditions of production stets erfüllt sind.

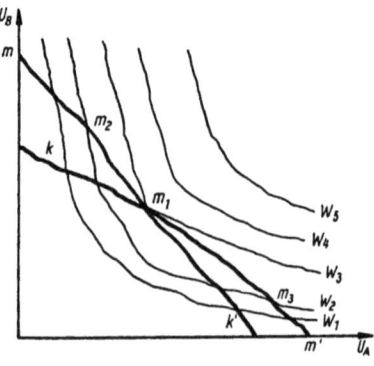

Abbildung 11

Die Kontraktkurve KK' kann in ein Nutzendiagramm (Z. 11) übertragen werden, auf dessen Ordinaten subjektive Nutzengrade von A und B (U_A und U_B) aufgetragen werden. Die Maßstäbe für U_A und U_B werden willkürlich gewählt, die U_A- und U_B-Werte nicht als vergleichbar angesehen. Es werden lediglich ordinale subjektive Präferenzsysteme vorausgesetzt. Indifferenzkurven höheren Grades in Z. 8 entsprechen jeweils größere Abstände auf den Ordinaten vom Ursprung in Z. 11. KK' in Z. 8 ergebe etwa die Kurve kk'[83] in Z. 11. kk' bezeichnet die höchsten Nutzengrade des einen Individuums, die, gegebene Mengen der Güter X und Y ($O_A C$ und $O_A D$ in Z. 8) vorausgesetzt, bei den verschiedenen möglichen Nutzengraden des anderen Individuums jeweils erreichbar sind. Die Kurve muß von links oben nach rechts unten verlaufen, da der Nutzen des einen Individuums bei Bewegungen entlang der Kontraktkurve KK' nur auf Kosten des anderen erhöht werden kann.

Jeder möglichen Kontraktkurve (d. h. jedem Punkt der Produktionsoptimakurve EE' in Z. 8) entspricht eine besondere U_A-U_B-Kurve (point-utility-possibility-curve) in Z. 11. Die point-utility-possibility-curves in Z. 11 können sich schneiden, da gleiche U_A-U_B-Kombinationen durch verschiedene Mengenkombinationen von X und Y gegeben sein können. Die Punkte der verschiedenen Kontraktkurven, in denen die Grenzraten der Substitution den jeweiligen Grenzraten der Transformation entsprechen, ergeben in Z. 11 die Kurve der kombinierten Optima (situation-utility-possibility-curve)[84] mm'. Die Kurve mm' bezeichnet die höchsten Nutzengrade des einen Individuums, die, gegebene Faktormengen und Produk-

---

[83] point-utility-possibility-curve nach *Samuelson*, P. A.: The Evaluation of Real National Income, Oxf. Ec. Pap., N. S. II, 1950, S. 6; vgl. *Kenen*, P.: On the Geometry of Welfare Economics, Q. J. E. 1957, S. 433. Da K und K' in Z. 8 nicht mit O_A und O_B zusammenfallen, liegen k und k' nicht auf den Ordinaten.

[84] Nach *Samuelson*, vgl. Anm. 83.

tionsbedingungen vorausgesetzt, bei den verschiedenen möglichen Nutzengraden des anderen Individuums jeweils erreichbar sind. mm' repräsentiert also die individuellen Nutzengrade aller Situationen, in denen weder durch produktionelle Transformation noch auf dem Wege des Tausches positive Änderungen möglich sind, d. h. die U_A-U_B-Kombinationen der unter den gegebenen Bedingungen erreichbaren paretianischen Optima.

b) Die generellen Grenzbedingungen

Die Optimumbedingungen lassen sich nur für das 2-Personen-2-Faktoren-2-Güter-Modell und bei der Annahme gegebener Faktormengen in dieser relativ einfachen Weise geometrisch darstellen. Sie gelten jedoch auch für den allgemeinen m-Personen-n-Güter-Fall und bei nicht-starrem Faktorangebot, wie sich mit mathematischen Methoden zeigen läßt[85].

Die generellen Grenzbedingungen für ein paretianisches Optimum lauten[86]:

(1) Die (subjektive) Grenzrate der Substitution zwischen jeweils zwei Gütern (oder das Verhältnis der Grenznutzen zweier Güter nach der Terminologie der älteren Subjektivwertlehre) muß für alle Individuen gleich sein (optimum conditions of exchange).
(2) Die (objektive) Grenzrate der produktionstechnischen Transformation zwischen jeweils zwei Gütern muß für alle Produzenten gleich sein (optimum conditions of production).
(3) Die allgemeine Grenzrate der Substitution und die allgemeine Grenzrate der Transformation zwischen je zwei Gütern müssen einander gleich sein.

Werden die Produktionsfaktoren als negative Güter angesehen, so brauchen keine besonderen Optimumbedingungen für die Substitution und Transformation von Produktionsfaktoren untereinander und von Produktionsfaktoren gegen bzw. in Produkte formuliert zu werden. Allgemeine Gleichheit der Grenzraten der Substitution und Transformation für alle Konsumenten und Produzenten bedingt, daß jedes Individuum alle Güter konsumiert, alle Faktoren für die Produktion eines jeden Gutes verwendet werden usw. Andernfalls könnten die Grenzraten nicht für alle Konsumenten bzw. Produzenten und Güter gleich sein. Insbesondere müßten auch alle Produktionsfaktoren in die subjektiven Wertungen aller Individuen eingehen. Dies widerspricht der in der Welfare-Theorie üblichen Annahme, daß neben den Konsumgütermengen nur die subjektiven Arbeitsleistungen die individuelle Welfare beeinflussen.

---

[85] Vgl. *Lange*, O.: The Foundations of Welfare Economics, Econometrica 1942, S. 215 ff.; *Samuelson*, Found., S. 229 ff.
[86] Vgl. *Samuelson*, Found., S. 238; *Hicks*, Ec. J. 1939, S. 704.

Vielfach werden die Grenzbedingungen so formuliert, daß sie diesem Einwand nicht ausgesetzt sind[87]. Die Grenzraten der Substitution und der Transformation zweier Güter müssen danach nur für die Konsumenten bzw. Produzenten gleich sein, die beide Güter konsumieren bzw. produzieren. Für Individuen, die ein Gut nicht konsumieren, gilt die zusätzliche Optimumbedingung, daß ihre individuelle Grenzrate der Substitution eines konsumierten Gutes durch das nicht konsumierte nicht größer sein darf als die allgemeine Grenzrate der Substitution dieser Güter (im Zwei-Personen-Fall: als die entsprechende Grenzrate der Substitution dessen, der beide Güter konsumiert). Für Produzenten, die ein Gut nicht herstellen, darf die Grenzrate der Transformation eines produzierten Gutes in das nicht produzierte nicht kleiner sein als die allgemeine Grenzrate der Transformation.

c) Nebenbedingungen

Die Grenzbedingungen sind zur Bestimmung eines paretianischen Optimums nicht ausreichend[88].

Ihre Realisierung schließt nicht die Möglichkeit positiver Änderungen etwa durch das Hinzukommen oder den Wegfall eines Gutes in Produktion und Konsumtion aus. Es ist daher eine zusätzliche Bedingung für ein Optimum, daß nicht-marginale positive Änderungen dieser Art nicht möglich sind[89].

Voraussetzung dafür, daß die Grenzbedingungen tatsächlich ein Optimum bestimmen, ist, daß die Indifferenzkurven konvex, die Transformationskurven (Isoquanten und Produktionsoptimakurven) konkav gegen den Ursprung verlaufen[90]. Die Grenzrate der Substitution eines Gutes X durch ein anderes Gut Y muß also bei fortgesetzter Substitution von X durch Y stets abnehmen, die Grenzrate der Transformation von X in Y bei fortgesetzter Transformation stets steigen. Dies besagt für den Fall der Transformation eines Faktors in ein Produkt, daß der

---

[87] Vgl. z. B. *Hicks*, Ec.J. 1939, S. 704; *Little*, Crit., S. 121 ff.
[88] *Samuelson* spricht ihnen sogar nur sekundäre Bedeutung zu (Found., S. 240).
[89] Total conditions nach *Hicks*, Ec.J. 1939, S. 704.
[90] Stability conditions nach *Hicks*, Ec.J. 1939, S. 704.
Dabei wird vorausgesetzt, daß vom Koordinatenursprung aus jeweils steigende Gütermengen bzw. sinkende Faktormengen (sinkende Mengen negativer Güter) gemessen werden. Auch die Isoquanten in Z. 9 ($f_1 \ldots f_n'$ und $g_1 \ldots g_m'$) sind somit als konkav in bezug auf den jeweiligen wahren Nullpunkt (o_a bzw. o_b) anzusehen.
Wären etwa die Indifferenzkurven konkav, wären z. B. in Z. 8 $J_1 \ldots J_m$ Indifferenzkurven von A, $I_1 \ldots I_n$ Indifferenzkurven von B, so würde die Bedingung „Gleichheit der Grenzraten der Substitution" nicht ein Optimum bestimmen, sondern ein Pessimum. In Z. 8 wäre z. B. der Tangentialpunkt K_4 der Indifferenzkurven I_K von A und J_K von B für beide Individuen schlechter als jeder Punkt zwischen diesen beiden Kurven.

Grenzertrag des Faktors (Output-Zuwachs bei Erhöhung des Inputs dieses Faktors um eine marginale Einheit) bei steigendem Einsatz des Faktors cet. par. abnehmen muß.

Die Produktionsverfahren müssen beliebig teilbar, d. h. unabhängig von der Größe der Produktion anwendbar sein; es darf keine „economics or diseconomics of sale" geben[91].

Sind diese Bedingungen nicht erfüllt, treten z. B. steigende Grenzerträge, indivisibilities, economics of scale u. dgl. auf, so ergeben sich spezielle Probleme für die Optimumbestimmung, auf die hier nicht im einzelnen eingegangen werden kann. Im anschließenden Exkurs wird jedoch die welfare-theoretisch sehr umstrittene Problematik angeschnitten, die mit dem auch praktisch besonders wichtigen Fall steigender Grenzerträge verknüpft ist.

d) Exkurs

(1) Grenzbedingungen und vollständige Konkurrenz

Bei freiem Tausch verhält sich jedes Wirtschaftssubjekt als Konsument (Nachfrager von Konsumgütern) und Anbieter von Faktorleistungen rationalerweise so, daß die individuellen Grenzraten der Substitution zwischen jeweils zwei Gütern (Produkten oder Faktoren) dem umgekehrten Verhältnis der Grenzkosten (Grenzausgaben) bzw. Grenzerlöse dieser Güter entsprechen[92]. Analog verhält sich jeder Produzent als Nachfrager von Faktorleistungen und Anbieter von Produkten so, daß die Grenzraten der Transformation zwischen je zwei Gütern im umgekehrten Verhältnis zu den Grenzkosten bzw. Grenzerlösen dieser Güter stehen[93]. Die Grenzbedingungen für ein Optimum werden infolgedessen erfüllt, wenn die Grenzkosten eines jeden Gutes für alle Nachfrager gleich den Grenzerlösen für alle Anbieter sind. Das ist bei genereller vollständiger Konkurrenz der Fall, da Grenzkosten und -erlöse hier jeweils mit den für jedes Wirtschaftssubjekt gegebenen Preisen identisch sind.

---

[91] Es läßt sich allerdings zeigen, daß sich nichts Wesentliches ändert, wenn das Input-Output-Verhältnis bei steigendem Output ungünstiger wird (diminishing returns to scale). Vgl. *Bator*, A. E. R. 1957, S. 40—42. Dagegen werfen „increasing returns to scale" besondere Probleme auf.

[92] Vgl. S. 33 und Anm. 13 zu S. 33.

[93] d. h.
$$\frac{dq_x}{dq_y} = \frac{d(p_y q_y)}{dq_y} : \frac{d(p_x q_x)}{dq_x}.$$
Durch Umformung ergibt sich
$$\frac{d(p_x q_x)}{dq_x} \cdot \frac{dq_x}{dq_y} = \frac{d(p_y q_y)}{dq_y}$$
d. h. — wenn x einen Faktor (bzw. eine Gruppe von Faktoren) bezeichnet, der zur Produktion des Gutes y dient — Grenzkosten von y = Grenzerlös von y.

Da bei unvollständiger Konkurrenz die Preise nicht für alle Wirtschaftssubjekte gegeben, sondern vom Verhalten einzelner Anbieter und/oder Nachfrager abhängig sind, sind die Grenzkosten bzw. Grenzerlöse der betreffenden Güter nicht für alle Wirtschaftssubjekte gleich. Der Grenzerlös eines monopolistischen Anbieters etwa ist niedriger als der Preis des angebotenen Gutes, während die Grenzkosten dieses Gutes für die Nachfrager, sofern sie in vollständiger Konkurrenz stehen, mit dem Preis identisch sind. Damit fallen — bei rationalem Verhalten — die jeweiligen Grenzraten der Transformation und Substitution auseinander; die Grenzbedingungen werden nicht erfüllt.

(2) Grenzbedingungen und steigende Grenzerträge

Steigende Grenzerträge können auftreten, wenn zunehmende Mengen eines Faktors mit einer gegebenen Menge eines anderen (unteilbaren, fixen) Faktors kombiniert werden. Sie sind dann gleichbedeutend mit sinkender Grenzrate der Transformation des variablen Faktors in das Produkt. Steigende Grenzerträge können sich unter gewissen technischen Bedingungen auch ergeben, wenn alle Faktoren vollständig teilbar sind und der Input aller Faktoren im gleichen Verhältnis erhöht wird. In diesem Falle handelt es sich um „increasing returns to scale" (economics of scale). Praktisch bedeutsamer ist die erste Möglichkeit.

Bei gegebenen Faktorpreisen entsprechen steigenden Grenzerträgen sinkende Grenzkosten. Allgemein sinkende Grenzkosten in einem Produktionszweig sind mit vollständiger Konkurrenz nicht vereinbar. Sie veranlassen alle Produzenten, ihre Produktion auszudehnen. Infolge des steigenden Angebots sinkt der Preis. Entweder gelangen die Produzenten bei ihrer Produktionsausweitung in den Bereich steigender Grenzkosten und realisieren die Bedingung Grenzkosten = Preis bei steigenden Grenzkosten (Normalfall der vollständigen Konkurrenz), oder der Preis sinkt soweit, daß die Produzenten ständig mit Verlust arbeiten müßten und daher ihre Produktion einstellen.

Im letzten Fall wird infolgedessen die vollständige Konkurrenz zusammenbrechen, möglicherweise aber ein Monopol oder Oligopol bestehen bleiben können. Bei freier Verkehrswirtschaft werden unter diesen Umständen die Grenzbedingungen gewöhnlich nicht erfüllt und damit ein nicht-optimaler Zustand realisiert. Es ergibt sich dann die Frage, ob es welfare-politisch besser wäre, die Produktion des betreffenden Gutes einzustellen oder aber die Grenzbedingungen zu realisieren und die Produzenten für den eintretenden Verlust zu entschädigen. Die Frage läßt sich mit den Mitteln der Marginalanalyse nicht beantworten[94].

---

[94] Vgl. *Samuelson*, Found., S. 240/41.

e) Haupteinwände

Gegen die paretianische Konzeption sind zwei grundsätzliche Einwände zu erheben. Sie richten sich einerseits auf die beschränkten Möglichkeiten für Welfare-Urteile, die das individualistische Prinzip als Grundlage der paretianischen Optimumvorstellung bietet, andererseits auf die statische Betrachtungsweise der Theorie, die sich u. a. in der Annahme gegebener Produktionstechnik und gegebener Bedürfnisskalen der Individuen ausdrückt[95].

Es ist nicht möglich, mit Hilfe der paretianischen Optimumbedingungen ein eindeutiges optimum optimorum zu bestimmen. Vielmehr gibt es unter den angenommenen Voraussetzungen eine Vielzahl möglicher Optima bei unterschiedlichen Verteilungen (in Z. 8 — bei gegebenen Gütermengen — alle Punkte auf der Kontraktkurve KK'; in Z. 11 alle Punkte der Optimakurve mm'). Das individualistische Prinzip läßt eine Entscheidung zwischen diesen Optima sowie zwischen sehr vielen nichtoptimalen Situationen wie auch zwischen vielen optimalen und nichtoptimalen Situationen nicht zu, weil in ihnen jeweils einzelne Individuen besser-, andere aber schlechtergestellt sind[96].

Wirtschaftspolitische Folgerungen lassen sich auf Grund des individualistischen Prinzips und der dargestellten Optimumbedingungen kaum ziehen[97]. Die Forderung etwa, daß zur Erfüllung der Grenzbedingungen in einem bestimmten Falle der Preis eines Produktes den Grenzkosten angeglichen werden sollte[98], ließe sich nur dann unbedingt vertreten, wenn bei sämtlichen anderen Gütern die Optimumbedingungen ausnahmslos erfüllt wären[99]. Das ist in der Realität nicht der Fall. Es ergibt sich die Frage, ob die Optimumbedingungen in dem Bereich, in dem es möglich ist, realisiert werden sollten oder ob sie hier gleichsam als Gegengewicht für die Verletzung anderer Optimumbedingungen modifiziert und korrigiert werden müßten. Die Frage läßt sich, jedenfalls mit den dargestellten theoretischen Methoden, nicht eindeutig beantworten.

Hinzu kommt, daß wirtschaftspolitische Folgerungen, die etwa aus der statischen Theorie des paretianischen Optimums gezogen werden

---

[95] Die Grenzbedingungen lassen sich allerdings auch auf die Substitution und Transformation von Gegenwarts- und Zukunftsgütern (Sparen und Investieren) übertragen. Vgl. *Little*, Crit., S. 137 ff.; *Boulding*, Welf.Ec., S. 20 ff.

[96] Es kann z. B. nicht gesagt werden, daß in Z. 8 die Optima auf der Kontraktkurve außerhalb der Strecke K_2K_3 besser als die nicht-optimale Situation L sind.

[97] Vgl. *Bergson*, Soc. Ec., S. 32; vgl. auch S. 21.

[98] Vgl. S. 61/62.

[99] Wenn also die Änderung von einer nicht-optimalen zu einer optimalen Situation führen würde; andernfalls müßten zwei nicht-optimale Zustände verglichen werden, was im allgemeinen nicht ohne weiteres möglich ist. Vgl. *Little*, Crit., S. 136/37; ders.: Rec. Dev., S. 60.

könnten, für die nicht-stationäre Wirtschaft der Realität sehr fragwürdig wären. Das bekannteste und wichtigste Beispiel hierfür bietet die *Schumpeter*sche Rechtfertigung des dynamischen Monopols. Technisch-ökonomische Fortschritte sind mit der ständigen Realisierung der Grenzbedingungen unvereinbar und in der freien Verkehrswirtschaft ohne zeitweilige Monopole nicht möglich[100].

3. Das Kaldor-Hicks-Kriterium

a) Allgemeine Konzeption

Das *Kaldor-Hicks*-Kriterium soll Welfare-Urteile auch über gemischte Änderungen ermöglichen. Danach wird die gesellschaftliche Welfare durch eine gemischte Änderung dann erhöht, wenn die durch die Änderung bessergestellten Individuen die schlechtergestellten entschädigen könnten und dann noch einen Nettovorteil hätten.

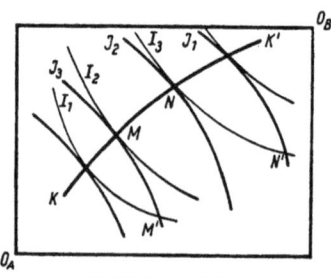

Abbildung 12

Zur Veranschaulichung diene wiederum ein Indifferenzkurvendiagramm analog Z. 8 (2-Personen-2-Güter-Modell)[101]. In Z. 12 repräsentiert z. B. die Bewegung vom Punkt M' (auf den Indifferenzkurven I_1 und J_3) zum Punkt N' (auf I_3 und J_1) eine gemischte Änderung, durch die A gewinnt und B verliert. A könnte nun B in der Weise entschädigen, daß B wieder das ursprüngliche Nutzenniveau (repräsentiert durch J_3) erlangt, z. B. in M. M liegt auf einer Indifferenzkurve höheren Grades des A als der Ausgangspunkt M' (I_2 statt I_1); A hätte also einen Nettovorteil, wenn B für seinen Verlust entschädigt würde. Die gemischte Änderung von M' nach N' erfüllt somit das Kaldor-Hicks-Kriterium und erhöht demnach die Welfare.

Die umgekehrte Änderung, dargestellt durch die Bewegung von N' nach M', erfüllt jedoch ebenfalls das Kaldor-Hicks-Kriterium. Der durch diese Änderung begünstigte B könnte den Verlierer A entschädigen und

---

[100] Vgl. *Samuelson*, Found., S. 253.
[101] Nach *Bailey*, M. J.: The Interpretation and Application of the Compensation Principle, Ec. J. 1954, S. 39 ff. Vgl. auch *Mishan*, E. J.: The Principle of Compensation Reconsidered, J. P. E. 1952, S. 312 ff.

selbst einen Nettovorteil behalten. Der Verlust des A kann kompensiert werden z. B. durch die Bewegung von M′ nach N; in N hat A das gleiche Nutzenniveau wie in N′, B dagegen ein höheres (J_2 statt J_1).

Nach dem Kaldor-Hicks-Kriterium ergäbe sich also der Widerspruch, daß M′pN′ und N′pM′. Er beruht darauf, daß von jeder nicht-optimalen Situation aus Änderungen möglich sind, durch die beide Individuen bessergestellt werden. Nach einer gemischten Änderung kann daher durch Kompensation stets eine Situation erreicht werden, die für beide Individuen besser ist als die nicht-optimale Ausgangssituation.

Das Kaldor-Hicks-Kriterium führt infolgedessen immer zu einem Widerspruch, wenn zwei nicht-optimale Situationen miteinander verglichen werden[102]. Es gestattet dagegen eindeutige Entscheidungen zwischen optimalen und nicht-optimalen Situationen im Sinne *Paretos*, da von einem Optimum aus ex definitione keine Änderung möglich ist, durch die ein Individuum ohne Schädigung eines anderen bessergestellt würde. Nach dem Kaldor-Hicks-Kriterium ist jede optimale Situation jeder nicht-optimalen Situation vorzuziehen.

Die generelle Bedingung dafür, daß das Kaldor-Hicks-Kriterium zu einer widerspruchsfreien Wertung zweier Situationen bzw. Änderungen führt, ist folgendermaßen formuliert worden: Es darf in der Ausgangssituation nicht möglich sein, daß durch einseitige Geld- bzw. Güterübertragungen von den potentiellen Verlierern an die potentiellen Gewinner beide Parteien bessergestellt würden als durch die beabsichtigte Änderung; d. h. die potentiellen Verlierer dürfen nicht in der Lage sein, die potentiellen Gewinner durch Bestechung zu veranlassen, die Änderung abzulehnen, ohne dabei mehr zu verlieren als durch die Änderung selbst[103].

b) Kaldor-Hicks-Kriterium und Sozialprodukt

Es ist naheliegend, anzunehmen, daß das Kaldor-Hicks-Kriterium durch eine Erhöhung des Volkseinkommens erfüllt wird, und das Volkseinkommen als Ausdruck der gesellschaftlichen Welfare anzusehen[104]. Wie bereits gezeigt wurde, bestehen jedoch nur unter sehr weitreichenden Bedingungen eindeutige Beziehungen zwischen *Individual*einkommen und *individueller* Welfare[105]. Dies gilt in noch stärkerem Maße für das Verhältnis von *Volks*einkommen und *gesellschaftlicher* Welfare.

---

[102] Vgl. *Bailey*, Ec. J. 1954, S. 40/1; *Mishan*, J. P. E. 1952, S. 314. Auf die Widersprüchlichkeit — allerdings unter anderen Voraussetzungen — hatte zuerst *Scitovsky* hingewiesen. Vgl. A Note on Welfare Propositions in Economics, R. E. S. 1941, S. 77 ff. Vgl. auch S. 71 ff.
[103] „Scitovsky-Kriterium"; vgl. *Scitovsky*, R. E. S. 1941, S. 77 ff.; ders.: A. E. R. 1951, S. 210/1.
[104] Vgl. hierzu *Little*, Crit., Kap. XII, S. 211 ff.; *Boulding*, Welf.Ec., S. 5 ff.
[105] Vgl. Abschn. III A 4.

66   Die theoretisch-ökonomischen Grundlagen der Welfare Economics

In den Einkommensgrößen kommen Welfare-Änderungen, die auf Änderungen der Arbeitsleistungen beruhen, nicht zum Ausdruck. Es müssen daher gegebene Arbeitsleistungen vorausgesetzt werden.

Unter der Annahme, daß alle in einer bestimmten Periode produzierten Güter in dieser Periode konsumiert werden (keine Investitionen, kein Sparen) und einen Marktpreis haben (keine Steuern u. dgl.), entspricht das Volkseinkommen der Summe der Geldeinkommen der Individuen und dem monetären Wert der produzierten Güter (des Sozialprodukts) in einer Volkswirtschaft während dieser Periode:

$$\Sigma P_K Q_K = \sum_{A=1}^{m} (P_K Q_K)_A = \sum_{X=1}^{n} P_{X,K} Q_{X,K} \quad (Q_X = \sum_{A=1}^{m} q_{x,A})^{106}$$

Die Problematik des Sozialproduktvergleichs kann für ein Zwei-Güter-Modell graphisch veranschaulicht werden (Z. 13)[107].

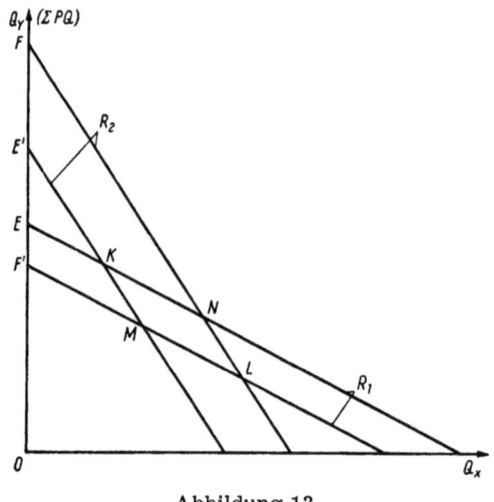

Abbildung 13

Auf den Ordinaten werden Mengen zweier Güter (Q_X und Q_Y) gemessen. Die Punkte K, L, M und N repräsentieren die in den Situationen (Perioden) K, L, M, N produzierten und konsumierten Mengen von X und Y. Die Linien EKN... und F'ML... sowie FNL... und E'KM... kennzeichnen zwei verschiedene Preisverhältnisse (R_1 und R_2) von X und Y[108].

---
[106] $\Sigma P_K Q_K$ = Volkseinkommen in der Periode K; $(P_K Q_K)_A$ = Geldeinkommen des Individuums A in K; $P_{X,K}$ = Preis, $Q_{X,K}$ = produzierte Menge des Gutes X in K.
[107] Vgl. *Boulding*, Welf.Ec., S. 8/9.
[108] Vgl. die Bilanzgeraden in der Indifferenzkurvendarstellung Z. 1, S. 34.

Die Strecke OF' bemißt das Sozialprodukt in M und L, die Strecke OE das Sozialprodukt in K und N, jeweils errechnet beim Preisverhältnis R_1 und ausgedrückt in Einheiten des Gutes Y. Die Strecke OE' bemißt das Sozialprodukt in K und M, die Strecke OF das Sozialprodukt in N und L, jeweils errechnet beim Preisverhältnis R_2 und ausgedrückt in Einheiten des Gutes Y. Wird der Preis des Gutes Y gleich 1 gesetzt $(P_{Y,K} = P_{Y,L} = P_{Y,M} = P_{Y,N} = 1)$, so gilt

$$\left. \begin{array}{l} OF' = \Sigma P_1 Q_M = \Sigma P_1 Q_L {}^{109} \\ OE = \Sigma P_1 Q_K = \Sigma P_1 Q_N \end{array} \right\} \text{Preisverhältnis } R_1$$

$$\left. \begin{array}{l} OE' = \Sigma P_2 Q_K = \Sigma P_2 Q_M \\ OF = \Sigma P_2 Q_N = \Sigma P_2 Q_L \end{array} \right\} \text{Preisverhältnis } R_2$$

$$OF' < OE < OE' < OF$$

Sind in einer bestimmten Situation die Mengen *beider* Güter höher als in einer anderen[110] (z. B. in N gegenüber M), so ist eindeutig in der ersteren das reale Sozialprodukt größer; eine Änderung, die von der zweiten zur ersten Situation (von M zu N) führt, erfüllt offensichtlich das Kaldor-Hicks-Kriterium. Bei jedem möglichen Preisverhältnis ist der auf der Basis von $P_Y = 1$ errechnete Wert des Sozialprodukts in N höher als in M. So ist $\Sigma P_1 Q_N > \Sigma P_1 Q_M$ und $\Sigma P_2 Q_N > \Sigma P_2 Q_M$.

Unterscheiden sich zwei Situationen in der Weise, daß jeweils die Menge *eines* Gutes höher, die des anderen dagegen niedriger ist, so können die realen Sozialprodukte nicht verglichen werden. Nur die nominellen Werte des Sozialprodukts, die von den Preisrelationen der Güter abhängen, sind vergleichbar.

Eine bestimmte nominelle Sozialproduktgröße kann bei gegebenen Preisrelationen verschiedene Güterkombinationen repräsentieren (z. B. L und M bei R_1). Ohne Kenntnis der individuellen Bedürfnisskalen ist es nicht möglich zu entscheiden, ob eine dieser Güterkombinationen besser ist als eine andere, ob z. B. eine Änderung von L nach M oder von M nach L das Kaldor-Hicks-Kriterium erfüllt oder nicht.

Bei unterschiedlichen Preisrelationen können gleiche Güterkombinationen verschiedene Sozialproduktgrößen ergeben (z. B. $\Sigma P_1 Q_L < \Sigma P_2 Q_L$). Der Vergleich der Nominalwerte verschiedener Güterkombinationen führt bei unterschiedlichen Preisverhältnissen zu unterschiedlichen, u. U. zu entgegengesetzten Ergebnissen. So ist in dem dargestellten Beispiel

$$\begin{array}{ll} \Sigma P_1 Q_L = \Sigma P_1 Q_M & \text{aber } \Sigma P_2 Q_L > \Sigma P_2 Q_M \\ < \Sigma P_1 Q_K & \phantom{\text{aber }} > \Sigma P_2 Q_K \\ < \Sigma P_1 Q_N & \phantom{\text{aber }} = \Sigma P_2 Q_N \text{ usw.} \end{array}$$

---

[109] P_1 und P_2 = Preise bei R_1 und R_2 ($P_Y = 1$).
[110] Hinreichende Bedingung ist, daß die Menge des einen Gutes höher, die des anderen nicht niedriger ist.

Widersprüche ergeben sich um so eher und in um so stärkerem Maße, je stärker sich die Preisrelationen in den verschiedenen Situationen (Perioden) unterscheiden. Bei relativ konstanten Preisrelationen treten sie nur in geringem Umfang auf.

Die Problematik wird komplexer, aber nicht prinzipiell verändert, wenn im n-Güter-Fall statt der Menge und des Preises eines Gutes irgendwie bestimmte Güterkombinationen und Durchschnittspreise als Bezugsgrundlage gewählt werden, wenn also mit komplizierteren Mengen- und Preisindizes gearbeitet wird.

Für die individuelle Welfare gilt, daß $U_K > U_L$, wenn $P_K Q_K \geqq P_K Q_L$[111]. Ein entsprechender Schluß für die gesellschaftliche Welfare läßt sich dagegen nicht ziehen, denn $\Sigma P_K Q_K > \Sigma P_K Q_L$ (d. h. der Geldwert des Sozialprodukts in K ist größer als das Sozialprodukt in L, bewertet zu Preisen der Periode K) schließt nicht aus, daß auch $\Sigma P_L Q_L > \Sigma P_L Q_K$ (wenn etwa in obigem Beispiel $P_K = P_1$ und $P_L = P_2$)[112]. An den Sozialproduktgrößen in verschiedenen Situationen läßt sich somit nicht ermessen, ob eine Änderung das Kaldor-Hicks-Kriterium erfüllt.

Wenn $\Sigma P_K Q_K > \Sigma P_K Q_L$, so ist allerdings in jedem Fall eine fiktive Umverteilung der Gütermengen in der Periode L denkbar, durch die $(P_K Q_K)_A > (P_K Q_{L'})_A$ für alle A würde[113]. Damit scheint das Kaldor-Hicks-Kriterium erfüllt zu sein[114].

Dieser Schluß ist jedoch nicht einwandfrei. Es läßt sich nicht folgern, daß nach der fiktiven Umverteilung die individuelle Welfare $U_K > U_{L'}$ für alle Individuen wäre, wie es das Kaldor-Hicks-Kriterium erfordert. Die Ungleichung $(P_K Q_K)_A > (P_K Q_{L'})_A$ besagt lediglich, daß der Geldwert der von A in der Periode K konsumierten Güter höher ist als der zu den Preisen der Periode K berechnete Wert einer fiktiven Güterkombination, die A in der Periode L nach einer entsprechenden Umverteilung hätte erhalten können. Sie besagt jedoch nicht, daß A die realisierte Güterkombination in K der fiktiven Güterkombination in L' auch tatsächlich vorgezogen hätte.

Nur wenn in K die Gesamtmenge mindestens eines Gutes höher und die Menge keines Gutes niedriger ist als in L, wenn also $Q_{X,K} \geqq Q_{X,L}$ für alle X (und nicht $Q_{X,K} = Q_{X,L}$ für alle X), läßt sich ohne weiteres folgern, daß dem Kaldor-Hicks-Kriterium Genüge getan ist. Sind aber in beiden Situationen jeweils die Mengen einzelner Güter höher, die

---

[111] Vgl. S. 48 und die dort genannten Voraussetzungen.
[112] Dagegen können in bezug auf ein Individuum bei gegebener Bedürfnisskala und rationalem Handeln nicht beide Ungleichungen richtig sein; vgl. S. 48.
[113] L' bezeichnet die Situation nach der fiktiven Umverteilung in L.
[114] Nach *Hicks*, J. R.: The Valuation of the Social Income, Economica 1940; vgl. auch *Little*, Crit., S. 212 ff.

anderer niedriger, so kann das Kaldor-Hicks-Kriterium nur insoweit erfüllt werden, als diese Güter subjektiv substituierbar sind und die individuellen Welfare-Einbußen infolge der Verminderung einzelner Güter durch das Mehr an anderen Gütern überkompensiert werden (können). Entscheidend sind also stets die individuellen Wertungen, die in einer objektiven Größe wie dem Sozialprodukt nicht zum Ausdruck kommen können.

Zusätzliche Probleme ergeben sich, wenn die Annahme fallengelassen wird, daß alle produzierten Güter in der gleichen Periode konsumiert werden und einen Marktpreis haben. Investitionen, Sparen, Steuern, Staatsleistungen usw. führen in der Realität einerseits zu besonderen statistisch-methodischen Schwierigkeiten bei der Sozialproduktberechnung und machen andererseits die ermittelten Sozialproduktgrößen als Ausdruck der gesellschaftlichen Welfare noch fragwürdiger.

Diese Probleme, die hier nur angedeutet werden sollen, spielen in der Praxis eine große Rolle. Sieht man von ihnen ab, so können kurzfristige zeitliche Sozialproduktvergleiche in einer Verkehrswirtschaft doch gewisse Anhaltspunkte für Welfare-Urteile geben, wenngleich sie den scharfen Anforderungen einer exakten Analyse nicht genügen.

Im Zuge einer normalen Entwicklung der Wirtschaft pflegen die Mengen der Güter sich weitgehend, allerdings wohl nie ausnahmslos, in der gleichen Richtung zu bewegen und die Preisrelationen sich verhältnismäßig wenig zu verändern. Vom Normalen abweichende Entwicklungen bei einzelnen Gütern gehen im allgemeinen auf den technischen Fortschritt oder verbreitete Änderungen der subjektiven Bedürfnisse (Geschmacksrichtung) zurück. Führt in diesem „Normalfall" der Sozialproduktvergleich zu eindeutigen Ergebnissen, ist also $\Sigma P_K Q_K > \Sigma P_K Q_L$ und $\Sigma P_L Q_L < \Sigma P_L Q_K$, so läßt sich daraus mit großer Wahrscheinlichkeit schließen, daß die Bewegung von L nach K das Kaldor-Hicks-Kriterium erfüllt[115].

Dies setzt jedoch voraus, daß sich die relative Verteilung des Volkseinkommens nicht wesentlich geändert hat. Ändern sich die Anteile der reicheren und der ärmeren Bevölkerungsgruppen am Volkseinkommen beträchtlich, so verschieben sich infolgedessen die Preisrelationen und die Produktionsmengen der verschiedenen Güter. Unter diesen Umständen kann nicht mit Hilfe von Sozialproduktvergleichen festgestellt werden, ob das Kaldor-Hicks-Kriterium erfüllt ist. Das Kaldor-Hicks-Kriterium, das Welfare-Vergleiche unabhängig von der Verteilung ermöglichen sollte, versagt insofern praktisch gerade dann, wenn es sich um den Vergleich von Situationen mit unterschiedlicher Verteilung handelt.

---

[115] Dabei sind selbstverständlich Änderungen der Bevölkerungszahl und der Arbeitsleistungen zu berücksichtigen.

Der Haupteinwand gegen das Kaldor-Hicks-Kriterium ist ein ethischer; er richtet sich gegen den Versuch, die Distributionsproblematik bei Welfare-Urteilen auszuschalten. Die Auffassung, daß eine Änderung die gesellschaftliche Welfare stets und ohne Rücksicht auf ihre distributiven Wirkungen erhöht, wenn sie das Kaldor-Hicks-Kriterium — u. U. in Verbindung mit dem *Scitovsky*-Kriterium — erfüllt, wird heute allgemein abgelehnt.

Littles Vorschlag, von einer Welfare-Steigerung nur dann zu sprechen, wenn eine Änderung das Kaldor-Hicks- und das Scitovsky-Kriterium erfüllt und außerdem die Verteilung nicht ungünstig beeinflußt, führt kaum weiter. Er gibt nur ein zusätzliches allgemeines Kriterium, bietet aber keinen Maßstab, mit dessen Hilfe beurteilt werden könnte, wann die Distribution günstig oder ungünstig beeinflußt wird.

Nach dem individualistischen Prinzip wäre das Kaldor-Hicks-Kriterium nur ein Kriterium für eine potentielle Welfare-Steigerung. Die Welfare würde nur dann erhöht, wenn die Verlierer tatsächlich entschädigt würden. In diesem Fall hätte das Kaldor-Hicks-Kriterium jedoch die Wertungsmöglichkeiten gegenüber dem individualistischen Wertungskriterium nicht wesentlich erweitert. Die Kombination einer Änderung, die das Kaldor-Hicks-Kriterium erfüllt, mit der Entschädigung der Verlierer entspricht einer positiven Änderung im Sinne des individualistischen Prinzips.

In der Praxis wäre es unmöglich, alle durch eine Änderung der ökonomischen Situation Besser- und Schlechtergestellten sowie das Ausmaß der Gewinne und Verluste zu ermitteln und die Verlierer dann zu entschädigen[116].

4. Gesellschaftliche Indifferenzkurven

Eine — irgendwie bestimmte — gesellschaftliche Welfare-Funktion im Sinne *Bergsons* und *Samuelsons* würde die Beurteilung aller möglichen gesellschaftlichen Situationen und aller Änderungen erlauben. Eine allgemeine Welfare-Funktion von der Form $W = W(U_1, U_2 ... U_m)$[117] könnte für ein Zwei-Personen-Modell etwa in den gesellschaftlichen Indifferenzkurven $W_1 ... W_n$ in Z. 11 zum Ausdruck kommen. Unter den Bedingungen, die Z. 11 zugrunde liegen[118], wäre dann ein eindeutiges Welfare-Maximum (optimum optimorum) auf der Optimakurve in m_1 bestimmt. Bei dem angenommenen W-Kurven-System repräsentieren viele nicht-optimale Situationen im Sinne *Paretos* eine höhere Welfare als viele paretianische Optima (z. B. sind

---
[116] Vgl. *Little*, Rec. Dev., S. 53.
[117] Die gesellschaftliche Welfare W ist eine Funktion der Welfare der Individuen 1 ... m.
[118] Vgl. Abschn. III B 2, insbes. S. 58.

alle nicht-optimalen Punkte, die rechts von der Kurve W_2 und links von der Optimakurve — zwischen den durch m_2 und m_3 begrenzten Kurventeilen — liegen, besser als alle Optimalpunkte zwischen m und m_2 sowie zwischen m_3 und m').

Mit einem derartigen gesellschaftlichen Indifferenzkurvensystem wäre eine eindeutige Rangordnung aller U_A-U_B-Kombinationen gegeben; es wären jedoch nicht die zugehörigen Mengen der Güter X und Y bestimmt[119].

Von größerer Bedeutung wären gesellschaftliche Indifferenzkurven, die gesellschaftlich gleichwertige Güterkombinationen repräsentieren. Mit Hilfe eines vollständigen und widerspruchsfreien Systems solcher Kurven ließen sich etwa in dem in Z. 13 dargestellten Modell eindeutige Entscheidungen zwischen den verschiedenen Güterkombinationen treffen.

Unter bestimmten Voraussetzungen lassen sich gesellschaftliche Indifferenzkurven dieser Art konstruieren[120]. Der individualistischen Konzeption entsprechend, sollen verschiedene Situationen dann als gesellschaftlich indifferent (Situationen mit gleicher gesellschaftlicher Versorgungslage) gelten, wenn jedes einzelne Individuum sie als gleichwertig betrachtet, d. h. wenn jeder einzelne sich in der gleichen Versorgungslage befindet.

Eine gesellschaftliche Indifferenzkurve soll nun im m-Personen-2-Güter-Modell alle Güterkombinationen repräsentieren, mit denen eine willkürlich bestimmte Versorgungslage der Gesellschaft (und damit aller Individuen) erreicht werden kann. Dabei wird vorausgesetzt, daß die entsprechenden Güterkombinationen stets tausch-optimal verteilt werden (Gleichheit der jeweiligen Grenzraten der Substitution aller Individuen). Während die Realisierung dieser Bedingung (der optimum conditions of exchange) bei gegebenen Gütermengen und variablen individuellen Nutzengraden zu einem Nutzenoptimum im paretianischen Sinne führt[121], sichert sie hier, bei gegebener Versorgungslage (gegebenen individuellen Nutzengraden) und variablen Gütermengen, optimale Güterkombinationen: Für jede beliebige Menge des einen Gutes bezeichnet die gesellschaftliche Indifferenzkurve die geringstmögliche Menge des anderen Gutes, die für die Erreichung der entsprechenden gesellschaftlichen Versorgungslage erforderlich ist[122].

---

[119] Vgl. S. 58.
[120] Vgl. *Scitovsky*, T.: A Reconsideration of the Theory of Tariffs, in: Readings in the Theory of International Trade, 1949, S. 358 ff. (ursprüngliche Fassung in R. E. S. 1942, S. 89 ff.); *Samuelson*, P. A.: Social Indifference Curves, Q. J. E. 1956, S. 1 ff.; *Stolper*, W.: A Method of Constructing Community Indifference Curves, Schweizerische Zeitschrift für Nationalökonomie und Statistik, 1950; *Mishan*, J. P. E. 1952, S. 314 ff.
[121] Vgl. S. 52 ff.
[122] *Samuelson* bezeichnet diese Kurven daher als „minimum-total-requirements contours" (Q. J. E. 1956, S. 6). Die angenommene gesellschaftliche Ver-

Zur Konstruktion einer derartigen gesellschaftlichen Indifferenzkurve wird eine bestimmte Situation unterstellt, charakterisiert durch eine gegebene Güterkombination und eine bestimmte tausch-optimale Verteilung dieser Güter. Damit sind auch die individuellen Nutzengrade (Versorgungslagen) und die gesellschaftliche Versorgungslage in dieser Situation gegeben.

Die zugehörige gesellschaftliche Indifferenzkurve ergibt sich dann durch eine spezielle Art der Addition der individuellen Indifferenzkurven, die der gegebenen Situation entsprechen: Auf den individuellen Indifferenzkurven werden jeweils die Punkte bestimmt, in denen die Kurven die gleiche Neigung haben (in denen die Grenzraten der Substitution gleich sind). Durch Addition der Koordinaten dieser Punkte ergeben sich die entsprechenden Punkte der gesellschaftlichen Indifferenzkurve. Sie hat daher stets die gleiche Neigung wie die individuellen Indifferenzkurven in den zugehörigen Punkten und verläuft konvex zum Ursprung.

Der Verlauf der gesellschaftlichen Indifferenzkurve (als Summe der individuellen Indifferenzkurven) hängt wesentlich ab von der willkürlich gewählten Verteilung der gegebenen Güterkombination in der angenommenen Ausgangssituation. Wie für das 2-Personen-2-Güter-Modell an Hand von Z. 8 gezeigt wurde, sind viele tausch-optimale Verteilungen einer gegebenen Güterkombination möglich. Sie kommen zum Ausdruck in den Punkten der Kontraktkurve (KK' in Z. 8). Jeder dieser tausch-optimalen Verteilungen entspricht eine besondere gesellschaftliche Indifferenzkurve als Summe der jeweiligen individuellen Indifferenzkurven. Wenn — wie in Z. 8 — die individuellen Indifferenzkurven in den verschiedenen Punkten der Kontraktkurve unterschiedliche Neigung haben, ergeben sich auch gesellschaftliche Indifferenzkurven unterschiedlicher Neigung; d. h. die gesellschaftlichen Indifferenzkurven, die verschiedenen tausch-optimalen Verteilungen einer gegebenen Güterkombination entsprechen, schneiden sich in dem die Güterkombination repräsentierenden Punkte des Indifferenzkurvendiagramms (z. B. in Z. 14: die Kurven K_1K_1 und K_2K_2 in O_B)[123].

Sofern nicht die Indifferenzkurvensysteme der Individuen vollständig identisch und die Kontraktkurven Geraden sind, gehen durch jeden

---

sorgungslage könnte natürlich auch — bei nicht tausch-optimaler Verteilung — mit größeren Gütermengen erreicht werden. Die Optimumbedingung sichert die Existenz einer eindeutigen gesellschaftlichen Indifferenzkurve unter den gegebenen Voraussetzungen. Im allgemeinen m-Personen-n-Güter-Fall wäre die Erfüllung der kombinierten optimum conditions of production and exchange vorauszusetzen.

[123] K_1K_1 und K_2K_2 sind gesellschaftliche Indifferenzkurven, die zu unterschiedlichen tausch-optimalen Verteilungen der durch O_B bestimmten Güterkombination, d. h. zu unterschiedlichen Punkten der (nicht eingezeichneten) Kontraktkurve in dem gestrichelt angedeuteten Rechteckdiagramm gehören.

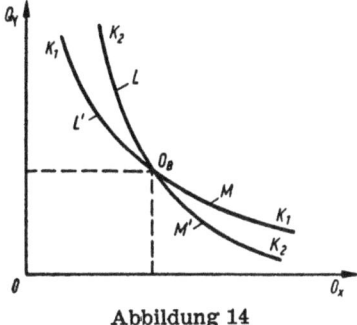

Abbildung 14

Punkt eines Indifferenzkurvendiagramms eine Vielzahl sich schneidender gesellschaftlicher Indifferenzkurven. Infolgedessen sind eindeutige Wertungen der verschiedenen Güterkombinationen (der Punkte des Indifferenzkurvensystems) als solcher nicht möglich.

In Z. 14 führt z. B. ein Vergleich der Güterkombinationen M und L zu unterschiedlichen Ergebnissen, je nachdem, von welcher gesellschaftlichen Versorgungslage (charakterisiert durch die Indifferenzkurven K_1K_1 und K_2K_2) ausgegangen wird. Eine Änderung, die von der Güterkombination M und der durch K_1K_1 gekennzeichneten Versorgungslage zu der durch L und K_2K_2 charakterisierten Situation führt, stellt (mindestens) ein Individuum besser und (mindestens) ein Individuum schlechter[124]. Da L aber größere Mengen beider Güter repräsentiert als etwa L', das auf K_1K_1 liegt, wäre es möglich, mit der Güterkombination L die Welfare gegenüber der Ausgangssituation (charakterisiert durch M und K_1K_1) zu erhöhen; d. h. durch Umverteilung könnten die individuellen Verluste, die sich bei der angenommenen Änderung ergäben, überkompensiert werden. Eine Änderung von M (und K_1K_1) nach L (und K_2K_2) würde also das Kaldor-Hicks-Kriterium erfüllen.

Umgekehrt könnte die Welfare mit der Güterkombination M gesteigert werden gegenüber der Situation, die durch den Punkt L und die Indifferenzkurve K_2K_2 charakterisiert ist[125], d. h. auch durch eine Änderung von L (und K_2K_2) nach M (und K_1K_1) würde dem Kaldor-Hicks-Kriterium Genüge getan[126].

---

[124] Da die Kurven K_1K_1 und K_2K_2 unterschiedliche gesellschaftliche Versorgungslagen repräsentieren, die mit einer bestimmten Güterkombination bei unterschiedlicher tausch-optimaler Verteilung erreicht werden können. Der Übergang von der einen zur anderen gesellschaftlichen Versorgungslage beinhaltet daher eine gemischte Änderung.
[125] Da M größere Mengen beider Güter repräsentiert als z. B. M', das auf K_2K_2 liegt.
[126] Dies ist der Fall, in dem das Kaldor-Hicks-Kriterium zu einem widersprüchlichen Ergebnis führt, den *Scitovsky* (im Zusammenhang mit außen-

Die Wahrscheinlichkeit, daß sich zwei Indifferenzkurven schneiden und damit dieser Widerspruch eintritt, ist um so größer, je stärker durch die Änderung die Verteilung der Güter beeinflußt wird[127].

In der dargestellten Weise lassen sich somit lediglich *einzelne* gesellschaftliche Indifferenzkurven konstruieren[128], nicht aber sinnvolle widerspruchsfreie Indifferenzkurven*systeme,* die den individuellen Indifferenzkurvensystemen analog wären.

Samuelson hat versucht, auf ähnliche Weise — mit Hilfe zusätzlicher Annahmen — doch zu widerspruchsfreien gesellschaftlichen Indifferenzkurvensystemen zu kommen[129]. Er setzt voraus eine gegebene gesellschaftliche Welfare-Funktion und eine abnehmende gesellschaftliche Grenzrate der Substitution[130]. Zusätzlich wird unterstellt, daß das distributive Optimum stets realisiert werden kann und für jede Güterkombination realisiert wird: Mit Hilfe von Einkommensübertragungen[131] müssen die Einkommen immer so verteilt sein, daß die gesellschaftlichen (ordinalen) Nutzen der letzten Einkommenseinheit aller Individuen gleich sind, d. h. daß die Versorgungslagen der einzelnen Individuen gesellschaftlich gleich hoch bewertet werden[132].

---

wirtschaftlichen Welfare-Problemen) dargestellt hat (vgl. S. 65). Das Scitovsky-Kriterium wird bei beiden Änderungen (von L und K_2K_2 nach M und K_1K_1 sowie umgekehrt) verletzt.

[127] Vgl. *Scitovsky*, Theory of Tariffs, S. 367; vgl. auch S. 67/8 und 69.
[128] Voraussetzung wäre die Kenntnis der individuellen Indifferenzkurven.
[129] Vgl. Q. J. E. 1956, S. 8 ff.
[130] Analog der abnehmenden individuellen Grenzrate der Substitution. Die gesellschaftliche Grenzrate der Substitution wäre etwa gegeben durch das Verhältnis (—) $dq_{x,A} : dq_{x,B}$ oder (—) $dq_{x,A} : dq_{y,B}$, bei dem die gesellschaftliche Welfare unverändert bleibt.
[131] Und zwar in der Form von kopfsteuerartigen Abgaben und entsprechenden Unterstützungen (negativen Steuern). Da auch die Konstruktion *Samuelsons* die Realisierung der paretianischen Optimumbedingungen voraussetzt, dürfen die Übertragungen nicht dazu führen, daß die Grenzbedingungen verletzt werden. Diese Voraussetzung erfüllen nur (positive und negative) Kopfsteuern. Jede andere Steuer verändert in irgendeiner Weise die Grenzkosten bzw. die Grenzerlöse bestimmter Faktoren oder Produkte, und zwar nicht für alle Wirtschaftssubjekte (Anbieter und Nachfrager) in gleichem Maße. Bei rationalem Verhalten der Individuen werden dann die Grenzbedingungen in bezug auf die betreffenden Güter auch bei vollständiger Konkurrenz nicht realisiert (vgl. S. 61). Durch eine Einkommensteuer im besonderen (die für Einkommensübertragungen ja in erster Linie in Frage kommt) werden, soweit sie Leistungseinkommen trifft, die Grenzerlöse der Faktoren vermindert, deren Leistungen durch die Einkommen entgolten werden. Grenzerlöse der Faktoranbieter und Grenzkosten der Faktornachfrager differieren infolgedessen, so daß bei rationalem Verhalten der Wirtschaftssubjekte die Grenzraten der Substitution zwischen Faktoren und Produkten von den entsprechenden Grenzraten der Transformation abweichen. Falls gleiche Brutto-Grenzerlöse der Faktoren bei verschiedenen Individuen durch die Steuer in unterschiedlichem Maße gekürzt werden, fallen auch die individuellen Grenzraten der Substitution insoweit auseinander (wiederum rationales Verhalten vorausgesetzt). Vgl. auch *Samuelson*, Found., S. 243 ff.
[132] Es ist zumindest zweifelhaft, ob der von *Samuelson* hier verwendete Begriff „ordinal" in diesem Zusammenhang korrekt ist. Vgl. S. 30/31.

Da somit für jede Güterkombination nur eine — die optimale — Verteilung in Betracht kommt, geht durch jeden Punkt eines Indifferenzkurvendiagramms (entsprechend Z. 14) nur eine gesellschaftliche Indifferenzkurve (als Summe der individuellen Indifferenzkurven) im Sinne *Samuelsons*. Unter diesen Voraussetzungen lassen sich somit gesellschaftliche Indifferenzkurvensysteme konstruieren, die in ihren wesentlichen Eigenschaften individuellen Indifferenzkurvensystemen entsprechen, in denen also die einzelnen Indifferenzkurven konvex gegen den Ursprung verlaufen und sich nicht schneiden. Damit wären eindeutige Wertungen für alle Güterkombinationen möglich.

Die Voraussetzungen *Samuelsons* sind jedoch außerordentlich abstrakt. Eine generell anerkannte gesellschaftliche Welfare-Funktion gibt es in einer individualistischen Gesellschaftsordnung nicht. Selbst wenn aber eine allgemeine Welfare-Funktion gegeben wäre oder als gegeben angenommen würde, so bliebe doch die wichtige Annahme, daß stets das Verteilungsoptimum realisiert werden könnte, utopisch.

In einer Situation mit nicht-optimaler Verteilung müßten Einkommensübertragungen erfolgen, deren richtiges Ausmaß sehr schwer bestimmbar wäre. Die Übertragungen müßten so bemessen sein, daß das Verteilungsoptimum gemeinsam mit den optimum conditions of production and exchange, wie sie sich *nach* dem Transfer ergeben, realisiert würde. Da sich infolge von Umverteilungen des Einkommens Gütermengen und -preise und damit auch die Grenznutzen gegebener Einkommen (bzw. die Versorgungslagen von Individuen mit gegebenen Einkommen) ändern, wäre es nicht korrekt, die Einkommensübertragungen allein auf Grund der ursprünglichen Situation festzulegen. Das Verteilungsoptimum in der neuen Situation kann nicht etwa dadurch gesichert werden, daß den Individuen bestimmte Anteile am ursprünglichen Gesamteinkommen zugeteilt werden[133]. Ohne vollkommene Voraussicht ist es daher unmöglich, das Ausmaß der notwendigen Übertragungen exakt zu bestimmen. Es wäre denkbar, daß man sich schrittweise, durch wiederholte Anpassungsmaßnahmen, an das Optimum herantasten könnte. Zumindest in einer nicht-stationären Wirtschaft dürfte aber diese Methode nicht zum Ziele führen.

Außerdem ist es aus einer Reihe von Gründen nicht möglich, in einer Verkehrswirtschaft der Realität die Verteilung durch wirtschaftspolitische Maßnahmen beliebig zu ändern. In erster Linie ist darauf hinzuweisen, daß durch Einkommensumverteilungen der Leistungsanreiz, der konkurrenzwirtschaftliche Antrieb zum pareto-optimalen Faktoreinsatz, stark beeinträchtigt werden kann, so daß u. U. weniger produziert wird und infolgedessen weniger verteilt werden kann. Da ohne vollkommene

---
[133] Vgl. auch *Samuelson*, Q. J. E. 1956, S. 11 und 13.

Voraussicht das Distributionsoptimum nicht durch einmalige oder im voraus ein für allemal festgesetzte (kopfsteuerartige) Einkommensübertragungen erreicht werden kann, müßten die Übertragungen in anderer Weise, insbesondere etwa auf dem Wege über eine progressive Einkommensteuer vorgenommen werden. Vor allem stark progressive Einkommensteuern können aber eine Minderung der individuellen Arbeitsleistungen und der Unternehmerleistungen verursachen[134].

Auch der Konstruktion *Samuelsons*, die die gleichzeitige Realisierung der paretianischen Grenzbedingungen und der distributiven Optimumbedingungen voraussetzt, ist daher kaum ein größerer Wert beizumessen als der eines „theoretischen Spielzeugs"[135].

5. Zusammenfassung

Es ist nur unter sehr weitreichenden Voraussetzungen möglich, mit Hilfe der dargestellten nationalökonomischen Methoden Maßstäbe für Welfare-Urteile zu gewinnen und die ökonomischen Bedingungen einer Welfare-Erhöhung bzw. eines Welfare-Optimums abzuleiten.

Der subjektive Nutzen (die individuelle Welfare) ist nicht meßbar. Die von verschiedenen Seiten entwickelten Methoden zur Messung des Grenznutzens des Einkommens basieren auf unhaltbaren Voraussetzungen und wirklichkeitsfremden Annahmen.

Auch die Messung bestimmter subjektiver Teilnutzen mit Hilfe des Instruments der individuellen Konsumentenrente gibt nur unter besonderen und in der Realität gewöhnlich nicht gegebenen Bedingungen eine hinreichende Basis für Aussagen über die individuelle Welfare. Das gilt vor allem für die von *Marshall* dargestellte Form, die Konsumentenrente zu ermitteln, aber auch für die modernere Fassung nach *Hicks*.

Das individuelle Einkommen ist als genereller Maßstab für die Welfare eines Individuums nicht geeignet. Einkommensänderungen lassen nur dann ohne weiteres Aussagen über die individuelle Welfare zu, wenn alle übrigen Faktoren, die die individuelle Welfare beeinflussen, konstant sind.

---

[134] Die theoretische Erklärung knüpft an die in Anm. 131 angedeuteten Zusammenhänge an. Eine hohe Einkommensteuer, die Arbeitseinkommen trifft, mindert stark den Grenzerlös der Arbeit. Das betroffene Individuum paßt sich in der Weise an, daß seine Grenzrate der Substitution zwischen Arbeitsleistung und einem beliebigen von ihm konsumierten Gut dem veränderten Verhältnis zwischen dem als konstant anzunehmenden Preis des Produktes und dem verminderten Grenzerlös der Arbeit gleich wird. Dieser veränderten Relation entspricht insbesondere bei stark progressiver Besteuerung (und damit stark sinkenden Grenzerlösen bei Mehrarbeit) im allgemeinen eine Minderung des individuellen Arbeitsangebotes. Vgl. hierzu z. B. *Boulding*, A. E. R. 1944/45, S. 867/68.

[135] *Samuelson* schließt seinen Aufsatz dagegen mit den optimistischen Worten: „The foundation is laid for the ‚economics of a good society'". (Q. J. E. 1956, S. 22).

Die Messung der gesellschaftlichen Welfare 77

In allen anderen Fällen können die Wirkungen ökonomischer Änderungen auf die Welfare eines Individuums nur auf Grund der Präferenzen (des Indifferenzsystems) des Individuums beurteilt werden. Unter bestimmten Umständen ist es möglich, die individuellen Präferenzen empirisch zu ermitteln; darüber hinaus lassen sich bis zu einem gewissen Grade wahrscheinliche Annahmen über die individuellen Präferenzen und über den Verlauf subjektiver Indifferenzkurven treffen, mit deren Hilfe entsprechend wahrscheinliche Aussagen über die individuelle Welfare möglich sind[136].

Wie der subjektive Nutzen ist auch die gesellschaftliche Welfare, aufgefaßt als Summe der subjektiven Nutzen, nicht meßbar.

Für die gesellschaftliche Konsumentenrente (die Summe der individuellen Konsumentenrenten) gilt das Gleiche wie für die individuelle Konsumentenrente. Sie kann nur in Ausnahmefällen als Maß für bestimmte Teilnutzen dienen. Darüber hinaus beinhaltet der Vergleich von gesellschaftlichen Konsumentenrenten bei verschiedenen Gütern interindividuelle Nutzen-(Welfare-)Vergleiche, die heute weitgehend grundsätzlich, jedenfalls aber in dieser Form, abgelehnt werden.

Auf der Basis des ordinalen Nutzenkonzepts und des individualistischen Prinzips ist es möglich, bestimmte Bedingungen für ein gesellschaftliches Welfare-Optimum abzuleiten. Diese Grenzbedingungen gelten aber wiederum nur unter weitreichenden Voraussetzungen. Außerdem werden sie in vielen möglichen Situationen (paretianischen Optima) erfüllt; es läßt sich kein optimum optimorum bestimmen. Zwischen sehr vielen Situationen kann gemäß dem individualistischen Prinzip nicht entschieden werden; gemischte Änderungen können nicht beurteilt werden. Die Bedeutung der Grenzbedingungen für die Wirtschaftspolitik ist daher gering.

Das Kaldor-Hicks-Kriterium, das Welfare-Urteile auch über gemischte Änderungen ermöglichen soll, kann zu widerspruchsvollen Wertungen führen. Das Scitovsky-Kriterium beseitigt diesen Mangel, schränkt aber wiederum den Bereich der möglichen Wertungen ein.

Das Volkseinkommen (Sozialprodukt) ist kein auch nur annähernd exakter Maßstab für die gesellschaftliche Welfare. Die Entwicklung des Volkseinkommens kann nur unter bestimmten Bedingungen einen gewissen Anhaltspunkt für die Entwicklung der Welfare geben. Jeder Vergleich heterogener Gütermengen und damit jeder Sozialproduktvergleich ist problematisch. Vor allem schließen Welfare-Aussagen auf

---

[136] Wegen der grundsätzlichen Problematik, Urteile über die individuelle Welfare auf Grund der subjektiven Präferenzen zu treffen, vgl. Abschn. II, 2.

Grund von Sozialproduktvergleichen und auf Grund des Kaldor-Hicks-Kriteriums jede distributive Wertung im Prinzip aus[137].

Zur Beurteilung aller möglichen gesellschaftlichen Situationen und Situationsänderungen bedürfte es einer vollständigen gesellschaftlichen Wertskala. Auf Grund einer angenommenen allgemeinen sozialen Welfare-Funktion, einer vollständigen Wertskala, wäre es u. U. möglich, gesellschaftliche Indifferenzkurvensysteme (in bezug auf individuelle Nutzwerte, Gütermengen oder andere Welfare-Faktoren) zu entwickeln. Während aber angenommene individuelle Indifferenzkurvensysteme bis zu einem gewissen Grade verifizierbar sind und wenigstens im Prinzip auf allgemeinen Erfahrungsgesetzen basieren, lassen sich generell gültige gesellschaftliche Indifferenzkurvensysteme nicht ableiten, weil es eben in einer individualistischen Gesellschaftsordnung keine allgemein anerkannten vollständigen Wertskalen gibt.

Die dargestellten nationalökonomischen Methoden sind für die Beurteilung praktischer Welfare-Probleme nur in geringem Maße brauchbar. Ein Teil dieser Methoden beruht auf sehr abstrakten und speziellen Voraussetzungen (z. B. der der stationären Wirtschaft; der Ceterisparibus-Bedingung der Partialanalyse), die in der Realität nicht gegeben sind. Andere Methoden sind dagegen zwar praktisch anwendbar und zum Teil bedeutsam, aber sie beziehen sich gewöhnlich nur auf einzelne Welfare-Faktoren und sind im allgemeinen nicht exakt genug, um Welfare-Urteile ausreichend zu begründen (z. B. Sozialproduktvergleiche).

Auch die nationalökonomisch-theoretischen Grundlagen der Welfare Economics sind somit wenig befriedigend.

---

[137] Vgl. aber S. 27

IV. Ausblick

Das Fazit der Untersuchung ist ausgesprochen negativ. Individualistisch orientierte Welfare Economics bieten keine hinreichende Grundlage für allgemeingültige wirtschaftspolitische Entscheidungen in dem am Anfang der Arbeit dargestellten Sinn[1]. Der wesentliche Grund für dieses negative Urteil liegt in der Erkenntnis, daß auf der Basis individualistischer Wertungskriterien eine umfassende, allgemein anerkannte Wertskala nicht gewonnen werden kann. Diese Erkenntnis zeigt zwei Wege auf, die den Welfare Economics offenstehen: bewußte Beschränkung auf den engen Bereich der Aussagen, die auf Grund der individualistischen Konzeption möglich sind, oder mehr oder minder weitgehende Aufgabe der individualistischen Grundlage[2].

Für den ersten Weg spricht der Umstand, daß das individualistische Wertungskriterium die *eine* der an Welfare-Kriterien gestellten Anforderungen, die der allgemeinen Anerkennung, in hohem Maße erfüllt. Dagegen genügt es der *zweiten* Forderung, daß die Welfare-Kriterien möglichst „umfassend" sein sollten, äußerst unzureichend. Die individualistische Konzeption läßt Welfare-Urteile nur in relativ wenigen Fällen zu. Sie ist insbesondere als Basis für wirtschaftspolitische Entscheidungen völlig ungeeignet, da es wirtschaftspolitische Maßnahmen, durch die kein Individuum geschädigt wird, kaum gibt.

Für den zweiten Weg spricht, daß durch die partielle oder totale Aufgabe der individualistischen Basis der Aussagebereich der Welfare-Theorie erweitert werden könnte. Im Prinzip wäre die Aufstellung einer vollständigen Wertskala möglich, so daß Welfare-Urteile über alle denkbaren Situationen und Änderungen getroffen werden könnten und damit eine allgemeine Grundlage für wirtschaftspolitische Entscheidungen gegeben wäre. Dieser Vorzug müßte aber erkauft werden mit dem mehr oder minder weitgehenden Verzicht auf allgemeine Anerkennung der Wertungskriterien.

---

[1] Eine ausgeprägte Skepsis gegenüber dem Wert und der Bedeutung der Welfare Economics findet sich auch in einer ganzen Reihe anglo-amerikanischer Untersuchungen, am schärfsten formuliert wohl bei *Boulding:* „Nevertheless in regard to the question asked the relation of welfare economics to pure economics is almost exactly that of astrology to astronomy" (Welf. Ec., S. 4). Vgl. auch das der Einleitung vorangestellte Zitat *Bouldings*. In ähnlichem Sinne äußern sich etwa *Reder*, Comment zu *Boulding*, S. 34/35; *Little*, Rec. Dev., S. 54; *Arrow*, Social Choice, S. 59.
[2] Vgl. *Mishan*, J. P. E. 1952, S. 312.

Literaturverzeichnis

1. Monographien

Arrow, Kenneth J.: Social Choice and Individual Values, New York und London 1951.

Baumol, William J.: Welfare Economics and the Theory of the State, London, New York, Toronto 1952.

Bye, Raymond T.: Social Economy and the Price System, New York 1950.

Frisch, Ragnar: New Methods of Measuring Marginal Utility, Tübingen 1932.

Haberler, Gottfried: Der Sinn der Indexzahlen, Tübingen 1927.

Hicks, John R.: Value and Capital, 2. Aufl., Neudruck, Oxford 1950 (1. Aufl. 1939).

— A Revision of Demand Theory, Oxford 1956.

Keller, Paul: Dogmengeschichte des wohlstandspolitischen Interventionismus, Winterthur 1955.

Lerner, Abba P.: The Economics of Control, New York 1944, Neudruck 1946.

Little, Ian M. D.: A Critique of Welfare Economics, Oxford 1950.

Marshall, Alfred: Principles of Economics, 8. Aufl. 1920, Neudruck, London 1952 (1. Aufl. 1880); deutsch: Handbuch der Volkswirtschaftslehre (nach der 4. engl. Aufl.), Stuttgart und Berlin 1905.

Myrdal, Gunnar: Das politische Element in der nationalökonomischen Doktrinbildung, Berlin 1932.

Neumann, Fr. J.: Die progressive Einkommensteuer im Staats- und Gemeindehaushalt, Leipzig 1874.

Neumann, John v., und *Morgenstern*, Oscar: The Theory of Games and Economic Behavior, 2. Aufl., Princeton 1947 (1. Aufl. 1944).

Pareto, Vilfredo: Manuel d'économie politique, Paris 1909 (ital.: Manuale di economia politica, Mailand 1906).

— Traité de sociologie générale, Bd. II, Lausanne und Paris 1919 (ital.: Trattato di sociologia generale, Florenz 1916).

Pigou, Arthur C.: The Economics of Welfare, 4. Aufl., London 1932, Neudruck 1946 (1. Aufl. 1920).

Reder, Melvin W.: Studies in the Theory of Welfare Economics, New York 1948.

Robbins, Lionel: An Essay on the Nature and Significance of Economic Science, London 1932.

Runge, Harry: Die Bedeutung der Einkommensschichtung für den Wert des Volkseinkommens, Stuttgart und Köln 1952.

Samuelson, Paul A.: Foundations of Economic Analysis, Cambridge 1948.
Schneider, Erich: Einführung in die Wirtschaftstheorie, Bd. II, 4. Aufl., Tübingen 1956.
Schumpeter, Joseph A.: History of Economic Analysis, Oxford 1954.
Scitovsky, Tibor: Welfare and Competition, London 1952.
Tinbergen, Jan: Economic Policy: Principles and Design, Amsterdam 1956.
De Viti de Marco, Antonio: Grundlehren der Finanzwissenschaft, Tübingen 1932.
Walker, E. R.: From Economic Theory to Policy, Chicago 1943, Neudruck 1947.
Winkler, Wilhelm: Grundfragen der Ökonometrie, Wien 1951.

2. Beiträge zu Sammelwerken

Barone, Enrico: The Ministry of Production in the Collectivist State, in: Collectivist Economic Planning, herausgeg. v. *Hayek*, Friedrich A., 3. Aufl., London 1947 (engl. Übersetzung von: Il ministro della produzione nello Stato collettivista, Giornale degli economisti 1908).
Bergson, Abram: Socialist Economics, in: A Survey of Contemporary Economics, Bd. I, herausgeg. v. *Ellis*, H. S., Philadelphia und Toronto 1949.
Boulding, Kenneth E.: Welfare Economics, in: A Survey of Contemporary Economics, Bd. II, herausgeg. v. *Haley*, B. F., Homewood/Ill. 1952.
Fisher, Irving: A Statistical Method for Measuring Marginal Utility and Testing the Justice of a Progressive Income Tax, in: Economic Essays Contributed in Honor of J. B. *Clark*, New York 1927.
Reder, Melvin W.: Comment zu *Boulding*, Welfare Economics, in: A Survey of Contemporary Economics, Bd. II, herausgeg. v. *Haley*, B. F., Homewood/Ill. 1952.
Rosenstein-Rodan, P. v.: Grenznutzen, in: H. d. St., 4. Bd., 4. Aufl., Jena 1925.
Samuelson, Paul A.: Comment zu *Boulding*, Welfare Economics, in: A Survey of Contemporary Economics, Bd. II, herausgeg. v. *Haley*, B. F., Homewood/Ill. 1952.
Scitovsky, Tibor: A Reconsideration of the Theory of Tariffs, in: Readings in the Theory of International Trade, Philadelphia und Toronto 1949 (ursprüngliche Fassung in R. E. S. Bd. IX, 1942).
Weisser, Gerhard: Über die Unbestimmtheit des Postulates der Maximierung des Sozialproduktes, in: Sammelband L. *Nelson* zum Gedächtnis, Frankfurt/M. 1953.
— Die Überwindung des Ökonomismus in der Wirtschaftswissenschaft, in: Grundsatzfragen der Wirtschaftsordnung, Berlin 1954.
— Grundsätze der Verteilungspolitik, in: Grundsatzfragen der Wirtschaftsordnung, Berlin 1954.

3. Zeitschriftenaufsätze

Alchian, Armen A.: The Meaning of Utility Measurements, A. E. R. Bd. XLIII, 1953.

Alt, Franz: Über die Meßbarkeit des Nutzens, Z. f. N. Bd. VII, 1936.

Armstrong, W. E.: The Determinateness of the Utility Functions, Ec. J. Bd. XLIX, 1939.

Arrow, Kenneth J.: *Little's* Critique of Welfare Economics, A. E. R. Bd. XLI, 1951.

Bailey, M. J.: The Interpretation and Application of the Compensation Principle, Ec. J. Bd. LXIV, 1954.

Bator, Francis M.: The Simple Analytics of Welfare Maximization, A. E. R. Bd. XLVII, 1957.

Bergson, Abram: A Reformulation of Certain Aspects of Welfare Economics, Q. J. E. Bd. LII, 1937/38.

— On the Concept of Social Welfare, Q. J. E. Bd. LXVIII, 1954.

Boulding, Kenneth E.: The Concept of Economic Surplus, A. E. R. Bd. XXXV, 1944/45.

— Income or Welfare, R. E. S. Bd. XVII, 1949/50.

Carver, Thomas N.: The Minimum Sacrifice Theory of Taxation, Pol. Sc. Qu. Bd. XIX, 1904.

Fisher, Franklin M.: Income Distribution, Value Judgements and Welfare, Q. J. E. Bd. LXX, 1956.

Friedman, Milton, und *Savage*, L. J.: The Utility Analysis of Choices Involving Risk, J. P. E. Bd. LVI, 1948.

— The Expected-Utility Hypothesis and the Measurement of Utility, J. P. E. Bd. LX, 1952.

Giersch, Herbert: Das Problem der Objektivität des wirtschaftspolitischen Urteils und der Lösungsversuch der neueren Lehre vom wirtschaftlichen Wohlstand, Z. f. d. ges. Stw. Bd. CVII, 1951.

Harrod, Roy F.: Scope and Method of Economics, Ec. J. Bd. XLVIII, 1938.

Hicks, John R.: The Foundations of Welfare Economics, Ec. J. Bd. IL, 1939.

— The Valuation of the Social Income, Economica, N. S. Bd. VII, 1940.

— The Rehabilitation of Consumer's Surplus, R. E. S. Bd. VIII, 1940/41.

Hotelling, Harold: The General Welfare in Relation to Problems of Taxation and of Railway and Utility Rates, Econometrica Bd. VI, 1938.

Kaldor, Nicholas: Welfare Propositions of Economics and Interpersonal Comparisons of Utility, Ec. J. Bd. XLIX, 1939.

Kenen, Peter: On the Geometry of Welfare Economics, Q. J. E. Bd. LXXI, 1957.

Lange, Oscar: The Foundations of Welfare Economics, Econometrica Bd. X, 1942.

Lauschmann, Elisabeth: Zur neueren Diskussion der Welfare Economics in der angelsächsischen Literatur, W. W. A. Bd. LXXIV, 1955.

Little, Ian M. D.: Recent Developments in Welfare Economics, Zeitschrift für Ökonometrie Bd. I, 1950.

Machlup, Fritz: Prof. Hicks' Revision of Demand Theory, A. E. R. Bd. XLVII, 1957.

Markowitz, Harry: The Utility of Wealth, J. P. E. Bd. LX, 1952.

Mishan, E. J.: The Principle of Compensation Reconsidered, J. P. E. Bd. LX, 1952.

— An Investigation into some Alleged Contradictions in Welfare Economics, Ec. J. Bd. LXVII, 1957.

Mosteller, Frederick, und *Nogee*, Philip: An Experimental Measurement of Utility, J. P. E. Bd. LIX, 1951.

Ohm, Hans: Grenzkostenpreisprinzip und Wohlstandsmaximierung, Z. f. d. ges. Stw. Bd. CXI, 1955.

Peter, Hans: Welfare Economics, Ethik und doch Wissenschaft, F. A. Bd. XII, 1950/51.

Pigou, Arthur C.: Some Aspects of Welfare Economics, A. E. R. Bd. XLI, 1951.

Robbins, Lionel: Interpersonal Comparisons of Utility, Ec. J. Bd. XLVIII, 1938.

Robertson, Dennis H.: Utility and All What, Ec. J. Bd. LXII, 1954.

Samuelson, Paul A.: Further Commentary on Welfare Economics, A. E. R. Bd. XLIV, 1954.

— Social Indifference Curves, Q. J. E. Bd. LXX, 1956.

Schoeffler, Sidney: Note on Modern Welfare Economics, A. E. R. Bd. XLII, 1952.

Scitovsky, Tibor: A Note on Welfare Propositions in Economics, R. E. S. Bd. IX, 1941.

— The State of Welfare Economics, A. E. R. Bd. XLI, 1951.

Stigler, George J.: The New Welfare Economics, A. E. R. Bd. XXXIII, 1943.

Stolper, Wolfgang: A Method of Constructing Community Indifference Curves, Schweizerische Zeitschrift für Nationalökonomie und Statistik, Bd. LXXXVI, 1950.

Strotz, Robert H.: Cardinal Utility, A. E. R. Bd. XLIII, 1953.

Tyszynski, H.: Comparisons between Increments of „Utility', Ec. J. Bd. LXIV, 1954.

Weber, Max: Die „Objektivität" sozialwissenschaftlicher und sozialpolitischer Erkenntnis, Archiv für Sozialwissenschaft und Sozialpolitik, Bd. XIX, 1904.

Weber, Wilhelm: Über die wirtschaftsbegrifflichen Grundlagen der älteren „Welfare Economics", Z. f. N. Bd. XIII, 1952.

— Zur Problematik der neueren „Welfare Economics", Z. f. N. Bd. XIV, 1954.

Weinberger, Otto: Über Verfahrensweisen zur Bestimmung des geldlichen Grenznutzens, Z. f. d. ges. Stw. Bd. XCIII, 1932.

Namensverzeichnis

Alchian 26, 30, 37, 82
Alt 30, 82
Armstrong 17, 82
Arrow 15, 79, 80, 82
Bailey 64, 65, 82
Barone 81
Bator 52, 61, 82
Baumol 80
Bentham 18
Bergson 14, 16, 17, 20, 63, 70, 81, 82
Boulding 11, 13, 19, 20, 21, 27, 37, 40, 52, 63, 65, 66, 76, 79, 81, 82
Bye 11, 52, 80
Carver 22, 82
Clark 35, 81
Ellis 81
Fisher, I. 35, 81
Fisher, Fr. M. 82
Friedman 36, 37, 82
Frisch 35, 80
Giersch 13, 19, 82
Gossen 31, 32, 33, 49
Haberler 48, 80
Haley 81
Harrod 82
Hayek 81
Hicks 11, 26 ff., 29, 33, 40, 44, 46, 49, 59, 60, 64 ff., 73, 76, 77, 78, 80, 82, 83
Hotelling 82
Kaldor 26 ff., 29, 64 ff., 73, 77, 78, 82
Keller 12, 80
Kenen 58, 82
Lange 59, 82
Lauschmann 11, 12, 13, 82
Lerner 16, 22, 80
Little 11, 13, 18, 19, 22, 23, 26, 27, 28, 29, 37, 44, 46, 47, 48, 49, 60, 63, 65, 68, 70, 79, 80, 82, 83
Machlup 44, 83

Markowitz 36, 83
Marshall 37 ff., 51, 52, 76, 80
Mishan 64, 65, 71, 79, 83
Morgenstern 36, 80
Mosteller 36, 83
Myrdal 13, 80
Nelson 81
Neumann, Fr. J. 22, 80
Neumann, J. v. 36, 80
Nogee 36, 83
Ohm 83
Pareto 17, 52, 63, 65, 77, 80
Peter 11, 17, 20, 22, 26, 83
Pigou 18, 19, 20, 22, 27, 80, 83
Reder 21, 79, 80, 81
Robbins 13, 26, 80, 83
Robertson 83
Rosenstein-Rodan, v. 14, 30, 35, 81
Runge 47, 80
Samuelson 13, 14, 16, 17, 20, 27, 38, 46, 54, 56, 58, 59, 60, 62, 64, 70, 71, 74 ff., 81, 83
Savage 36, 37, 82
Schneider 33, 55, 81
Schoeffler 18, 83
Schumpeter 18, 30, 64, 81
Scitovsky 11, 21, 27, 52, 65, 70, 71, 73, 74, 77, 81, 83
Stigler 83
Stolper 71, 83
Strotz 83
Tinbergen 16, 17, 81
Tyszynski 30, 31, 83
De Viti de Marco 26, 81
Walker 81
Weber, M. 13, 83
Weber, W. 11, 12, 17, 19, 26, 83
Weinberger 35, 83
Weisser 13, 17, 20, 81
Winkler 35, 50, 81

Printed by Libri Plureos GmbH
in Hamburg, Germany